眞鍋かをりの世界ひとり旅手帖

眞鍋かをり

祥伝社

CONTENTS

カンボジアにてカジュマルの樹に登る

はじめに……006

CHAPTER 1
「ひとり旅」がオススメな理由……013

Column
変わるために旅するんじゃない。旅するから変わるのだ！……022

CHAPTER 2
歩き出す前にしておきたいこと……023

PLANNING　旅先を決めよう……024

RESERVE　クリック１つで簡単！
自分で航空券を予約してみよう！……032

LODGING　宿泊先を決めてみよう……036

GOAL　旅の目的を決めてみよう！……042

PREPARE　旅の準備をはじめよう！……044

DANGER　世界の危険を回避しよう！……046

CHAPTER 3

世界に歩き出してみよう……051

TRANSPORTATION 世界の移動手段を使いこなしてみよう……052

Column 危険！　海外の個人タクシー……060

SIGHTSEEING まずは定番！ザ・観光名所へ行こう！……061

国別　旅行ファッション……070

Column どうする？ 何枚持って行く？ 下着問題……076

CHAPTER 4

行ってよかった！　美しい絶景！……077

ギリシャ　サントリーニ島イアの町……078

アメリカ　グランドキャニオン……080

フランス　モン・サン・ミッシェル……082

スイス　ゴルナーグラートからのマッターホルン……084

カンボジア　プノンバケンからの夕陽……086

ミャンマーの自転車タクシー、サイカー

CHAPTER 5

世界をひとりで食い尽くそう……089

FOOD

カフェ＆レストラン飯……090

B級ご飯……093

パブ＆バル……096

東南アジアの屋台と市場……097

SHOPPING

有名お買い物スポット……098

ヨーロッパのマーケット……099

観光スポットの市場……101

現地のスーパーマーケット……102

Column 現地では毎食ローカルフード！……103

ギリシア、サントリーニ島の美しさったら！

ドイツにて
オクトーバーフェストに参加

CHAPTER 6
世界の「ひとり時間」を楽しもう……105

ミュージカル＆ショーを楽しんでみる……106

美術館や博物館は最高のおひとり様スポット！……107

体験型レッスンに申し込んでみる！……108

リラクゼーションを体験してみる……109

困ったときの現地１日ツアー……110

現地のお祭りを楽しんでみる……111

CHILL OUT　ひとりの特権♪　旅のまったり時間の過ごし方……112

UP GRADE　もっとひとりが楽しくなる
アドバンスト・ステップ……116

おわりに……120

あなたの「ひとり旅」を考えてみよう……122

ひとり旅　荷造りCheck……123

旅の思い出を記録してみよう……124

はじめに

こんにちは！　ひとり旅歴５年、眞鍋かをりです。

「旅行はみんなでワイワイ行ったほうがいい！」と思っている人は多いと思います。さまざまな観光スポットで記念写真を撮り、ガイドブックに載っていたお店でディナー。「旅は道連れ」ではありませんが、楽しい思い出は友達や家族と共有したいですよね。でも「ひとり旅」にはそれとはまた違う醍醐味があるって知っていますか？　ひとりだからこそ得られる貴重な体験、自分だけで使える自由な時間……「ひとり旅」にはたくさんの魅力があるのです。

という私も、18歳で芸能界デビューしてから、ひとりで海外旅行どころか東京都内ですら、地下鉄もろくに乗れない女でした。ところが30歳にして初めて経験した「ひとり旅」があまりにも楽しく新鮮で、それからどっぷりはまっていったのです。

ひとり旅でも
現地の人にお願いして、
ちゃんと自分の写真を
おさえてます♪

ミャンマーで涅槃仏《ねはんぼとけ》さまと
同じポーズ♪
その巨大さにビックリ！

私が初めての旅先に選んだのは、女子なら一度は憧《あこが》れる花の都パリ。ワインやチーズなどフランスの食文化にも興味があり、一度は行ってみたいと思っていた場所でした。そんなとき、偶然手にした『パリ・メトロ散歩』（東京書籍）という１冊の本。パリの街をメトロに乗って気ままに巡《めぐ》る……。そんな自由な旅のスタイルに感銘を受け、航空券とホテルだけ手配して、何も決めずに思い切ってパリへと飛んだのでした。

しかし……慣れない土地で、すべてが初めてのことばかり。フランス語はおろか、英語も満足にしゃべれません。無事ホテルまでたどり着いたものの、ちゃんとチェックインができるのか不安で挙動不審に。メトロでは切符の買い方がわからず券売機の前で立ち往生……。今思い出しても、頼りなくてヒヤヒヤしてしまいます。だけど初めてのことをひとつずつクリアしていくたびに、私の中に大きな喜びと小さな自信が生まれ、また次、さらに次へと心は新たな成功体験を求めるようになっていきました。パリで迎えた初めての朝、エッフェル塔の近くのパン屋さんで、覚えたてのフランス語を使ってクロワッサンが買えたときの嬉《うれ》しさと言ったら……。このときの喜びが、私のひとり旅人生の原点になっているのかもしれません。

それからというもの、すっかりひとり旅の楽しさに魅せられ、いろんな国を旅するようになった私。いろんな場所でひとり旅の楽しさをお話しさせていただくことも増え、ひとり旅の趣味を共有できる仲間もできました。最近は女性誌などでも「ひとり旅特集」が組まれ、確実にひとり旅人口は増えているように思います。

しかし、まだまだ「ひとりで旅行なんて寂しくて無理！」「やってはみたいけど、ひとりで行ける自信がない……」という反応が多いのも事実。でもね、これだけは言えます。

私みたいな初心者でもひとり旅ができたんだから、絶対に誰でもできる！

そして、こんな楽しいことをやらずにいるのはもったいない！

この本を読んでひとりでも多くの人が「ひとり旅を始めたい！」「ひとり旅って面白そう！」と思ってくれたら嬉しいです。

グランドキャニオンへも急遽、
思い付きで行っちゃいました！
勢いって大事。

Let`s go on the journey!

SHODENSHA AIRLINES

CHAPTER 1

「ひとり旅」がオススメな理由

いきなり「ひとり旅っていいから！」と熱く勧められても、具体的に何がいいのかはなかなか伝わらないものですよね。ここでは「なぜ、ひとり旅がいいのか？」という、私なりの「ひとり旅のメリット」をいくつか紹介したいと思います

オーストラリアにてコアラを見物中♪

01 休みができたらすぐに行ける！

海外旅行に必要なのは、何よりもまず「お休み」。学生さんならまだしも、仕事をしている社会人にとって休みがピッタリ合う友達なんて、なかなか見つからないものですよね……。でも他人と予定を合わせていたら、海外なんていつまでたっても行けません！（笑） 思い立ったときに、ひとりで自由に海外旅行を楽しんでしまいましょう。**私の場合、飛行機のチケットをおさえるのは出発のだいたい１週間～３日前。**１カ月先、３カ月先の予定なんてどうなるかわからないタレントという仕事柄、スケ

Case:01 行くと決めたら当日でも！ 弾丸ＬＡ《ロサンゼルス》旅行

今まででー番急に決めた旅は、マネージャーさんから「ロケがとんで明日から４連休になった」と聞かされ、その日に飛んだＬＡ旅行。夕方に思い立ち、速攻で割引航空券をネット検索。深夜１時には羽田発の飛行機に乗りました。あまりにも急に決めたので、友人とのご飯の約束をキャンセルすることになりましたが、電話で事情を説明すると「マジで⁉　クレイジーで面白いじゃん！　行ってきな！」と快く背中を押してくれました。持つべきものはノリのいい友人だね（笑）。

ジュールが決まるのをギリギリまで待って、そこではじめて行き先探しをします。まとまった休みはそう頻繁《ひんぱん》に取れないので、基本的には弾丸旅行。２～３日もあれば、意外に遠くまで行けちゃうんです。海外旅行をするチャンスは、お正月やお盆だけじゃない！

ＬＡ近郊のワイナリーで
ピクニックランチ！（もちろんひとり）

飛び立つ前に Twitter で「今週末暇やな……、どっか遊びに行きたいなあ……行ってきま！」とつぶやいたあと、到着後にＬＡの空港の写真とともに「ロサンゼルス国際空港到着！　当日空席あったから来てみた」と投稿。フォロワーからは「マジかよ！」「勢いでロス行きやがった！」と驚きの返信をたくさんいただきました。

ひとり旅がオススメな理由

02 現地で人から話しかけられやすい

ひとり旅だと、人から話しかけられることが本当に多い！　「どこから来たの？」「日本人？」。そんな会話からはじまって、見ず知らずの人とコミュニケーションがとれたときは本当に嬉しいんです。英語はカタコトだけど、「下手なりに頑張ってます！」感を出せば意外に通じ

Case:02 その土地ならではの風習を教えてもらう in ギリシャ

ギリシャのアテネでは、街をウロつく犬がものすごく多かった！　不思議に思っていたところ、その理由を教えてくれたのは街で「どこから来たの？」と話しかけてきたローカルのおじさん。犬を指さして「Stray dog（野良犬）？」と聞いてみると**「アテネでは政府が犬を保護して、手術や注射をしてから街に放しているんだよ。だからみんなで飼ってるんだ」**というようなことを言っていました。知らなかった～！ ひとりでいると現地の人も話しかけやすいから、こうしたプチ情報をゲットできる機会が増えますね。

パルテノン神殿へと続く丘の途中にも、気持ちよさそうに爆睡する犬が

合える（笑）。こういう瞬間が、旅のいい思い出になるんですよね。

街の人や他の旅人からオススメスポットを教えてもらえることも多く、その情報をもとに実際にそこへ行ってみることもあります。**ガイドや観光案内ではなく、街の人のリアルな口コミをたよりに行動するって、ドラクエっぽくて楽しい！**　本などに書かれているその土地の歴史や風土、文化なんかも、住んでいる人の話を聞くとまた違った一面を見せてくれたりします。自分が「勇者」になったつもりで、旅を楽しんでみては？

Case:03　旅先で出会った人と一緒にディナー in シンガポール

真っ昼間からシンガポールのビーチでひとりビールを飲んでいたら、隣の席にいた日本人の男子大学生に「一緒に写真撮ってください」と話しかけられました。日本人同士、海外で会うと親近感が湧《わ》いてくるもの。いろいろ話を聞いてみると、彼の父親が仕事の関係でシンガポールに住んでおり、今回は彼女を連れてはるばる会いに来たんだとか。その場にいたお父様や彼女も「いつまでいるんですか？」「あそこはもう行った？」などと親切にしてくださり、一気に仲良くなって、なんとその夜、彼らと一緒に飲みに行くことに！　おしゃれなバーで、ちゃっかりおごっていただきました……。さらにお父様の仕事仲間も合流し、**初対面なのにいろんな話で大盛り上がり**。もともと人見知りだったはずの私ですが、旅先ならあっという間に仲良くなれるから不思議！

ひとり旅がオススメな理由

03 旅のスケジュールに融通が利《き》く

どこへ行くか、どのくらい時間を割《さ》くか、何を食べるか……。誰かと一緒に旅をしていると、どうしても気を使ってしまうところですよね。疲れているときなど、イライラしてモメちゃったり……なんてのも、よくある話。**だけど、「ひとり旅」では旅の選択肢がすべて自分の思い通り！**　急な予定変更だって、誰に気兼ねすることもなく平気でできちゃいます。買い物中に急《せ》かされたり、行

Case:04 トランジットだって無駄にしない！3時間のアムステルダム市内観光

ギリシャから帰国の際、乗り換えで降りたアムステルダム。**3時間の乗継時間で、思い切って空港を出て市内観光しちゃいました！**　空港から市内までは電車で15分。時間を逆算すると、観光できるのは1時間ほどでした。かなりせわしなかったけど、街並はおとぎ話のように可愛くてステキだったし、アムステルダムの雰囲気を味わうことができて楽しかった〜。とはいえ、ちょっとミスったら帰国の飛行機を逃しかねない綱渡りの弾丸観光。誰かと一緒だったら、絶対に「やめとこう」って言われるよね（笑）。「少しでも多くの国を見てみたい！」という私はちょっとの時間もじっとしてられないタイプ。いつも時間ギリギリまで旅を楽しむ、というのが私のスタイルです。

きたくない場所に我慢して付き合う必要は一切ナシ。のんびりしたかったら１日部屋の中で過ごしたっていいし、行きたい場所をガツガツ回るのもOK！　この「気軽さ」「自由さ」が、ひとり旅のいいところです。

私の旅はというと、いつもかなりの早歩き。ものすごいスピードで、１日でけっこうな距離を歩きます。同じペースで旅をしてくれる人は、あまりいないかも（笑）。体力には自信があるほうなので、私に付き合わされた人はきっと疲れてしまうでしょう……。

好きなときに好きなことをできる時間って、意外と日常では少ないですよね。ひとり旅は自分勝手になれちゃう最高の時間なんです。

Case:05 何度通っても飽きない有名チーズ屋さん in ロンドン

ロンドンにある王室御用達のチーズ屋さん「PAXTON & WHITFIELD」。**チーズおたくの私は、滞在中ここに3回も足を運びました。**さまざまな種類のチーズに囲まれて、まるで夢のよう……。中でも一番のお目当ては、エリザベス女王が愛する「スティルトン」というブルーチーズ。青かびの刺激もまろやかで、優しい風味♡　しっかりゲットして帰りました。もし友達と一緒だったら、さすがに気を使って3回は行けないよな〜（笑）。

伝統を感じる店構え！
厳選されたチーズたちがずらりと並びます

ひとり旅がオススメな理由

04 楽しむことに積極的になれる

気の合う人と一緒にいれば、ただ食事をしているだけでもそれなりに楽しいもの。でも、ひとりの場合は楽しいことを自分から探しに行かないと、時間が無駄に過ぎていくだけです。「せっかく来たんだし、なんとかして楽しんでやる！」。この前のめりな感じが、ひとり旅の一番の醍醐味ですよね。

自分が楽しめることを探すのって、実は普段の生活でもすごく大切なこと。人生だって、自ら楽しいことを探しに

Case:06 レアな観光場所にも楽しさがいっぱい in LA

ＬＡでは買い物や都会の雰囲気にすぐ飽きてしまい、どこか他に面白そうな場所はないかと「ＬＡ　近郊　観光」などのワードで検索。西部開拓時代の雰囲気が残るオールドタウンを発見しました。中心部からは車で１時間ほど。一歩足を踏み入れると、まるで西部劇そのままの街並に大感激！ 修復を重ね、古き良きアメリカがきちんと残されているんです。レトロなお店やアンティークショップを訪ねたりして、本当に楽しかった♥　私はやっぱり、都会より田舎が好き！　きらびやかなセレブのイメージとは程遠いＬＡ観光でしたが、私にはすごく合っていたみたいです。

行かなきゃ、あっという間に終わっちゃう！

ひとり旅で学んだのは**「自分で自分を楽しませてあげる」**こと！　いつも細かいスケジュールを立てず、行き当たりばったりの旅ばかりなので、現地に着いて主要な観光スポットを巡ったあと「どうしよう……もうやることがない……」と途方に暮れてしまうこともあります。でも、せっかくのひとり旅の時間を退屈に過ごしてしまうのはもったいない！　スマホを駆使し、頭をフル回転させて面白そうなプランを探します。楽しいことを探していると、意外にそれまで気付いていなかった「自分の嗜好《しこう》」が明確になるので、新鮮な気持ちになりますよ♪

銃撃のパフォーマンスも
見られたり
「ザ・ウエスタン」を満喫！

2XXX / XX / XX

変わるために旅するんじゃない。旅するから変わるのだ！

海外ひとり旅というと、「自分探し？」って言われること、たまにあります。正直、うんざりです（笑）。何のために旅をするかなんて人それぞれ違うだろうし、そもそも旅をするのに理由って必要？　私がひとり旅をする理由があるとしたら、こうです。「楽しいから！」。それだけで十分。旅で自分を変えたいなんて、まったく思わない。

だけど、慣れない国をたったひとりで歩いたり、いろんなトラブルにも遭うわけだから、その経験によってちょっと考え方が変わったり、成長したりすることはあると思います。
私が感じた一番大きな変化は、人見知りをしなくなったこと。実は昔から人と積極的に仲良くするのが苦手で、うまく会話が続かなかったり、初対面の人と過ごす時間がとても苦痛なタイプでした。でも、ひとり旅では困ったら人に助けを求めなければいけないし、隣に座った人が話しかけてくることもある。現地で日本人と出会ったら、情報交換することも大事。人見知りだって、初対面の人と話さなきゃいけない状況が必然的に生まれます。

そんなふうにしているうち、ふと思ったんです。「あれ？　旅先のほうが、素直に自分を出せてるんじゃない……？」。もうこの先会うことはないかもしれない人だから、どう思われても怖くない。だからこそ、緊張せずに接することができていたのです。それに気付いてからは、自ら積極的に友達を作ったり、旅先で偶然出会った人と「旅は道連れ」と一緒に行動したりするまでに。いろんなタイプ、いろんな職種の友人もできて、それまで自分の価値観になかったことも素直に受け入れられるようになりました。気持ちも、旅する前よりすごくラク。

旅は、初めての経験の宝庫です。だからこそ、なにかが変わるきっかけに出会うこともあるんじゃないかな。

SHODENSHA AIRLINES

CHAPTER 2

歩き出す前にしておきたいこと

よし、ひとり旅をしよう！ そう心に決めた時点で、もう9割方準備は完了。あとは旅に備えて下調べをしたり、現実的な手続きをしていくだけです。はじめは私も手探りでやっていましたが、慣れれば意外に楽勝♡　私の旅支度、紹介します。

モナコのホテルでセレブ気分♪

PLANNING

旅先を決めよう

実際に「旅行をしよう！」と思ったものの、
どこに行けばいいのかわからない……
という人も多いはず。
そこで旅行先を選ぶポイント、いくつかご紹介します。

Example_01

本屋さんで運命の出会い

本屋さんや図書館の旅行コーナーでピンとくるものを探してみるのがオススメ！　私がひとり旅をするようになったのも偶然本屋さんで出会ったパリの本がきっかけだし、ある日何気なく目に留めた旅行雑誌に載っていたモスクの写真に魅せられて、勢いでイスタンブール行きを決めたことも。旅の行き先は、そんなささいな出会いで決めてもいいんじゃないかな？

\Recommend book/

「TRANSIT（トランジット）美しきトルコ」ユーフォリアファクトリー
写真が鮮やかでとにかく美しい。現地の取材も詳しくされているので、観光地だけではないトルコを知ることのできる一冊

\Reccomend book/

「パリ・メトロ散歩」坂井彰代・伊藤智郎著／東京書籍
パリのメトロ、一つ一つの駅を丁寧に解説。写されているさまざまなメトロの表情にパリの歴史を感じずにはいられません

FUN

Example_02

ガイドブックで旅のイメトレ

旅の予定がなくても、普段からいろんな国のガイドブックを読んで脳内旅行をしている私（笑）。本棚にはまだ行ったことのないクロアチアやモロッコのガイドブック、そして世界の絶景の本がたくさん並んでいます。行きたい場所をリストアップして、直行便があるかないか、ない場合はどこを経由して何時間かかるのかなどを調べておけば、実際にお休みができたときに慌てることもなくてスムーズ♡　普段の読書の一環としてガイドブックを読んでおけば、「旅勘」も鈍らずにいられます。旅人ならずとも海外旅行に行く人は１度は目にする『地球の歩き方』に加え、『ことりっぷ』『ロンリープラネット』などガイドブックによってもその国の紹介の仕方が違うのでいろいろな発見があります。

\Recommend book/

「５日間の休みで行けちゃう！　美しい街・絶景の街への旅」A-works 著／A-works
きれいな写真とともに具体的な行き方、費用も載っているので妄想トリップにはピッタリ！　今いちばん行ってみたい場所は、ニュージーランドのテカポです

\Recommend book/

旅に関する本を眺めているだけで妄想トリップ♡　クロアチアなど、行ったことがない国のガイドブックを読むのが趣味です

Example_03

休める日数から旅先を選ぶ

どこに行きたいか、という「行き先ありきの旅」もいいけど、限られた休みで海外旅行をしなければならない社会人の方にオススメなのが、この方法。たとえば3日間のお休みがとれたとして、そのスケジュールでチケットが手に入る場所を旅先に決めてしまうのです。割引率の高さも、もちろん重要。ＬＣＣ（格安航空会社）などは直前で割引されることもあるので、サイトを頻繁にチェックしておくのがオススメ。

そして一番のポイントは、休みを最大限に活用すること。仕事終わりで深夜便に乗ったり、早朝に帰国してそのまま仕事に行ったりすれば、持ち時間をフルに使えて意外に遠い国まで行けちゃいます！　一般的な会社員の方でいえば、お休みは「金曜日の夜から月曜日の早朝までの3日間」と考える感じですね。深夜発の直行便がある行き先は、弾丸旅行の有力候補ですよ♪

逆に年末年始などまとまった休みがとれるときは、ここぞとばかりに「乗り換えないと行けない旅先」を選ぶことにしています。乗り換えは疲れそう……、という声も聞きますが、乗り換えは乗り換えで一気に複数国楽しめちゃうお得な部分もあるのです。

CASE:01
シンガポール［1泊3日(滞在40時間)］

シンガポールへは、大阪の仕事終わりに関西国際空港から夜便で飛んで、1泊3日で行ってきました！　朝着いてすぐに観光し、次の日の深夜便で帰国。滞在時間は40時間くらいかな？　まさに弾丸トラベラー！　シンガポールはコンパクトで多国籍な街だから、短時間でもかなり効率的に観光できました。インド街、アラブ街、中華街を巡り、市場で美味しいものを食べたり、大都会を満喫したり……。橋を渡ればカジノやエンターテイメントが楽しめる島があるので、ひとりでも退屈することはありません。帰国便は午前中に羽田着。空港からそのまま仕事へ行くという超ハードなスケジュールでしたが、時差が1時間しかないので飛行機の中で寝てしまえばそんなにツラくなかったですよ。

シンガポールで
水上バス運転中(真似)

CASE:02
カンボジア［2泊3日(滞在48時間)］

カンボジアへはバンコクでの乗り換えが必要だったため片道17時間かかりましたが、3日間のお休みで十分楽しめました。現地には夕方着いて、その日はナイトマーケットを見物しつつ夕食。2日目は朝からベンメリア遺跡を観光し、午後は市場をウロついたりホテルのプールで泳いだりしてのんびり。夕方には美しい夕陽を拝《おが》みにプノンバケン遺跡へ。最終日は早起きして朝日の昇るアンコールワットを見て、水上生活を見学できるボートツアーに。ホテルでゆっくりエステを受けてから夜の帰国便に乗りました。日本着は早朝。いったん家に帰ってシャワーを浴び、昼から仕事へ行きました。限られた時間だったけど、かなり盛りだくさんで十分満足な旅でした。

ベンメリア遺跡へと続く道。
地雷が撤去されたおかげで、
数年前から入れるようになりました

ホテルから見えた美しいモナコ湾。
セレブはヨットでバカンス
するのでしょうか……？

CASE:03

ニース＆モナコ［6日間］

留学中の友達を訪ねて行った二度目のパリ。6日間もあるのならと、一度行ってみたかったニースへ飛んでみました。パリからはＬＣＣで1時間半ほど。旧市街や新鮮な海の幸など、フランス屈指のリゾートを満喫しました。ニース市内からモナコへはタクシーで20分ほどと近く、せっかくなので1泊してみることに。モンテカルロのイルミネーションがキレイだった〜！　でも、さすがはセレブの街。オフシーズンだったので宿泊は現実的な値段でできたものの、中心地にあるカフェやレストランはどこもラグジュアリーな雰囲気が漂っていて、周囲がみんなセレブに見えてしまう。「この場で庶民なのは私だけ……？」と不安になり、朝イチの飛行機でパリに逃げ戻りました（笑）。6日もあれば都市を経由して旅ができるので、選択肢は大幅に増えますね！

＼眞鍋オススメの／

弾丸旅行先

ちょっと弾丸だけど、
飛行機の発着時刻を調べてうまく組み合わせれば、
短い休みでも意外に遠くへ行ける！
たとえば、こんな旅先はいかが？

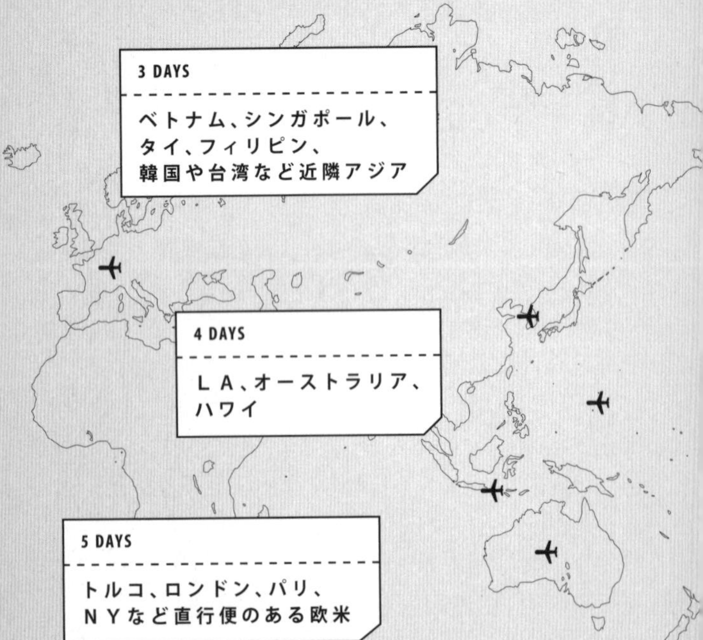

3 DAYS

ベトナム、シンガポール、
タイ、フィリピン、
韓国や台湾など近隣アジア

4 DAYS

ＬＡ、オーストラリア、
ハワイ

5 DAYS

トルコ、ロンドン、パリ、
ＮＹなど直行便のある欧米

ちなみに……決してオススメはしませんが、かなりの強行スケジュールで1泊ハワイ旅行をしたこともあります（笑）。

なんと滞在1日半。午前中に現地に着いて、まずはお目当てのパンケーキを食べにカイルアタウンへ。街歩きを楽しんだりビーチを散歩したりして、ゆったりと過ごしました。午後はワイキキの中心へ。ここで一番楽しみにしていたのは、ワイキキビーチでのサーフィン！　夕方からはアラモアナショッピングセンターやクヒオ通りでお買い物をして、夜は特大ハンバーガーのディナー。丸一日楽しみました。帰国日は朝のお散歩をして、夕方まで現地在住の叔母とランチ。ハードではあったけど、ひとりなのでサクサク予定がこなせて意外に充実しましたよ！

6 MORE DAYS

6日間以上……乗り換えしないと行けない国！今後はキューバやモロッコに行ってみたいな〜！

ハンバーガーにポテトにビール！
鉄板アメリカンフードです

RESERVE

クリック1つで簡単！
自分で航空券を予約してみよう！

パソコンも英語も得意ではない私ですが、
チケットの予約は旅行代理店を通さず、すべて1人でやります。
海外のサイトでも操作を覚えれば簡単！
チケットをとる瞬間からひとり旅が始まります♪
※紹介した予約サイトはＰＣ、スマホ、タブレットに対応しています。

オススメ航空券予約サイト 01

日本発着の航空券なら、初心者にもやさしい
JTBの海外航空券
▶▶▶ http://www.jtb.co.jp/

私が初めてひとり旅をしたときに使ったのが、このサイト。日本の会社が作っているので、わかりやすくて使いやすいのが特徴です。HP からそのまま予約を完了できるので、いろんな航空会社に問い合わせる必要がなく、とても便利！

How to JTB

① http://www.jtb.co.jp/ にアクセスする
② サイト上部にある「海外航空券・ダイナミックパッケージ」をクリック
③ 出発地、到着地、日本出発日、現地出発日、人数、座席クラスを選択→空席を検索
④ 料金の安い順、往路所要時間順、おすすめ順など並べ替えをして、航空券を選択

オススメ航空券予約サイト 02

日程を中心に検索可能！
スカイスキャナー

▶▶▶ http://www.skyscanner.jp/

　世界中で利用されているスカイスキャナーは、とにかく航空券の検索能力が高い！　特にオススメなのは、日程ありきで旅先を決める、私の旅のスタイルにぴったりな「Everywhere 機能」。普通はまず目的地を設定してから航空券を検索しますが、この機能を使えば、決められた日程でどんな目的地があるのかを検索し、情報を提供してくれるんです。もちろん、予算もちゃんと考えてくれますよ！

How to skyscanner

① http://www.skyscanner.jp/ にアクセスする

② 出発地を選んで目的地「すべての場所」を検索

③ 旅行日程を選択する。1カ月、1年間単位での検索が可能です

④ 人数と座席クラスを入力して検索

⑤ すべての目的地が安い順に表示されるので、自分の予算に合わせ航空券を選択。検索した航空券は、そのまま航空会社の公式サイトへ飛んで購入

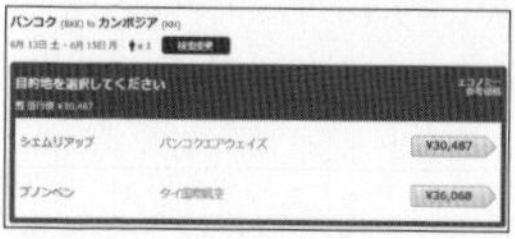

タイからカンボジアを検索。
他の検索媒体ではひっかかりにくいＬＣＣも対応しているのがステキ

実際にスカイスキャナーを使って、タイのバンコクからカンボジアのシェムリアップまでの飛行機を予約しました。カンボジアのアンコールエアーはサイトが日本語対応していたので、すごく簡単でしたよ！

オススメ航空券予約サイト 03

ＬＣＣサイトで直接予約

慣れると一番安くあがるのがこの方法。私が利用したことがあるのはヨーロッパ最大手のＬＣＣ「easyJet」(http://www.easyjet.com/)。これを使って、パリからスペインのビルバオまで飛んでみました。サイトは日本語対応していないので慣れるまでは不安ですが、わからない単語を辞書で調べつつ手続きすれば、大丈夫。

How to easyJet

① http://www.easyjet.com/ にアクセスする

② 「Flying from（出発地）」「Going to（目的地）」「Outbound（往路日時）」「Return（復路日時）」「Adults（大人の人数）」を入れて検索

③ 往路と復路のフライトが別々に出るので、旅行日程に合わせて選択

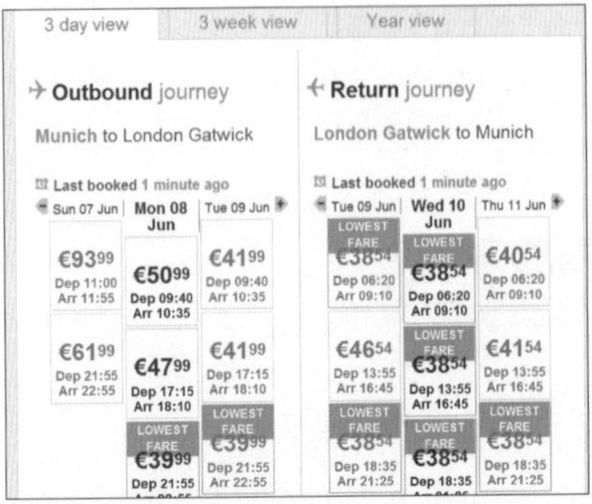

簡単な英語なので思ったより楽に予約できちゃいます

予約時に知っておくと便利な英単語

- **Via**……経由地
- **Outward**……往復
- **Outbound,Inbound**……往路、復路
- **Fare**……料金
- **Invoice**……請求
- **Purchase**……購入
- **Refund**……返金
- **Confirm**……予約確認
- **Reconfirm**……再確認

最初はわからない単語があっても、フォームに「なんとなく勘で」入力していた私（笑）。それでも意外にいけちゃうものですが、手違いがあると怖いのできちんと英文の意味を確認しながら予約しましょう。

カンボジアのボートツアーで、ガイドのお兄さんとお互いのカメラロールを見せ合って遊びました。フライトの予約にも旅先でのコミュニケーションにも、スマホは欠かせません

LODGING

宿泊先を決めてみよう

旅した国の印象って、
泊まったホテルに左右されたりしますよね。
せっかくだから「当たり♪」という部屋で旅の思い出を
綺麗に残したいもの。ここでは眞鍋流ホテル探しの極意を
お伝えします。まあ、ハズレはハズレで逆にそれが
思い出になったりするんですけどね（笑）。

Point_01

はじめての街では立地が最優先条件！

効率よく旅するには、まず歩いてみてその街の雰囲気をつかむことが重要。そのためには街の中心部にある、立地条件のいいホテルを選ぶのがベストです。ベトナムのホーチミンに行ったときは「５つ星なのに安い」という理由でメインストリートから少し離れたところにあるホテルを選んでしまい、移動が不便で後悔するハメに……。少々狭くとも中心街に近いほうが、その街の空気を存分に味わえること間違いなし。リラックスする長期滞在型ではないかぎり、中心に近ければ近いほど便利なことが多いです。ディナーを食べた後すぐにホテルに戻れたりと、安全面でもオススメします。

Point_02
口コミは必ずチェック！

「無料Wi-Fiあり」と書いてあったのに電波がすごく弱かったとか、朝食が思ったより質素だったとか……。実際に泊まってみないとわからない情報を得るため、口コミには必ず目を通すことにしています。オーストラリアのゴールドコーストでホテルを探したときには「隣にクラブがあるので夜中までうるさくて最悪」なんて感想をたくさん見かけました。こんなの、口コミを見なきゃわからないことですよね。

特に注意して見るところは「シャワーのお湯が出ない」という意見がないかどうか。これ、冷え性さんは必ずチェックすること！　ギリシャで泊まったホテルは部屋の雰囲気が可愛くて値段も6000円ほどとお手頃だったのですが、お湯が出ずに冷たいシャワーを浴びるハメになりました……。

Point_03
写真をたくさん見ること！

ホテルの写真は、だいたい実物よりも「盛っている」ことが多いですよね？　お部屋の写真って、なんであんなに広く見せることができるんだろう（笑）。行ってみてイメージが違った！　とならないためにも、泊まりたいホテルを見つけたら、ホテル名で検索をかけていろんなパターンの写真を見ましょう。画像検索すると外観から部屋の細部までさまざまな写真が出てくるので、事前調査としてよく使います。

Point_04

泊まる場所を旅の目的の１つにしてみる

歴史あるホテルや、自然の中にあるホテルなど、そこに泊まること自体をイベントにしてしまうというのも旅の楽しみ方の１つです。私の場合、ひとり旅の宿の予算は高くても１泊１万円代までなのですが、泊まったこと自体が思い出になるようなホテルには思い切って予算をはずむことも。まだ泊まったことはないけど、いつかフィンランドにあるガラスドーム型のカクシラウッタネンというホテルに泊まってみたいな～。ベッドに寝ながらにしてオーロラ観賞ができるんだって！　最高すぎる……♥

逆に、東南アジアなどでは「こんな安宿に泊まった！」ということが思い出になったりもします。どっちにしても「宿泊を楽しむ」ことができれば、旅の充実度も一気にアップしますよ！

Point_05

お手軽な宿泊予約サイトを使う

Booking.com ▶ http://www.booking.com/

私がホテルを予約するときにいつも使うのがこのサイト。ホテル検索サイトは他にもたくさんありますが、使いやすさや口コミ件数の多さなどを重視してBooking.comを利用しています。アプリを使えば、スマホひとつで予約が完了するので超便利！

地図でも検索ができ、絞り込みの条件にはWi-Fiといった環境なども入っているので、自分に合うホテルが探し出せます

口コミを見ながら決められるのが嬉しい！　部屋の写真もたくさん載っています

私が泊まった思い出のホテルBEST 3

BEST 1 ギリシャ
サントリーニ島の洞《どう》窟《くつ》ホテル

真っ白な壁に青い屋根……絵葉書の中のような絶景が広がる、サントリーニ島にある洞窟ホテル。テラスに出ると、目の前にはエーゲ海が広がっていました。そこで飲むウェルカムシャンパンの味は格別！　しかし……新婚旅行に来る観光客が多いため、部屋には「ハネムーンスイート」という甘い名前が……！　受付のおじさんに「君はひとりでこの部屋に泊まるのかい？」と、おちょくられてしまいました（笑）。

ハネムーン用だけあって、ベッドも広ーい！　ここにひとりで寝たのは、私だけかもしれませんね……（笑）

BEST 2 南仏
ニースのホテルネグレスコ

街のランドマークにもなっている、由緒正しきホテルです

ニースのランドマーク的な有名ホテル。その歴史は古く、開業は約100年前なんだとか！　アールデコの豪華な装飾が素晴らしく、ビートルズやモナコのグレース妃など数々の有名人も泊まっています。お部屋だけじゃなく、廊下やトイレも美術館みたいに美しい！　ベルボーイの制服も凝《こ》っていて、まるで夢の国みたいでした。

BEST 3 スイス
ローザンヌのシャトー・ド・ウシー

レマン湖畔にたたずむ可愛らしいシャトーホテル！　ローザンヌへはひとりでなく友達と二人で旅したのですが、このホテルに泊まるのが旅のメインイベントでした♡　お部屋から見える湖の景色を楽しんだり、ドレスアップしてレストランで食事したり……最高の時間を過ごしましたよ！

古城にいるというだけでお姫様気分！　中はリフォームされており、きれいでオシャレです

＼こんなホテルにも泊まりました／

番外編：ロンドンのとあるB＆B

B＆Bとはベッド＆ブレックファストの略で、お部屋と朝食のサービスのみを提供する宿泊施設のこと。ロンドンはホテルの値段が高いので、予算を抑えるならB＆Bを利用するべし。しかし……B＆Bの質もピンキリ。私が泊まったB＆Bは、暗くて狭い部屋に小さくて硬いベッド、洗面所が申し訳程度についていて、トイレとシャワーは共同。入った瞬間、「刑務所……？」とつぶやいてしまいました（笑）

ここに2泊は寂しかった……
受付のおじさんが優しかった
のが唯一の救いでした

GOAL

旅の目的を決めてみよう！

行き先が決まったら、次は具体的に旅の行程を考えましょう。まずはガイドブックを読んで、絶対に行きたい場所、必ず食べたいものをチェック！　**私のオススメは、旅のメインとなる大きな目的を２つ決めること。**

たくさんのスケジュールを詰め込んで最初からガチガチに組んでしまうと、予定をこなすことに追われてしまってせわしない旅になってしまう。逆に、目的がひとつしかないと達成感が少ない……。２つ目的を果たせれば旅に来た満足感も得られるし、他の予定を組み込むときに軸が２つあることで調整がしやすいんです。

さらに、自分の趣味をメインの目的にすることで、そこから旅の「テーマ」が見えてきますよ！　建築が好きな人は建築物巡《めぐ》りをメインにしてもいいし、スイーツが好きな人は現地でしか味わえないスイーツを食べに行くというのもアリ。私がヨーロッパに行くときに絶対入れる要素は「ワイン」や「チーズ」です。美術館もいいけれど、やはり「食」は一番興味があるところ！

他にも、「遺跡を見る」や、「ビールを飲みに行く」、「現地に住んでいる親戚に会いに行く」などを旅の目的にしています。

CASE:01

ビーチで運動＆マクロビ食材探しで身体に嬉しい旅　in グアム

朝のビーチランは最高！
この爽快感は、
都内のランでは味わえません

南国の空の下、ランニングやヨガで身体を動かし、グアムで急増しているというマクロビ食材のお店でキヌアやチアシードなどのスーパーフードを物色するヘルシー旅。ダイエット期間中だったこともあり、「運動」「ヘルシーフード」という健康的な目的２つに絞ってみました。

旅から帰るといつも食べ過ぎで体重が増えていることが多いのですが、このときは食事にも気を使ったのでちゃんと体重キープ。自然の中で身体を動かしたことでリフレッシュでき、身体も心もスッキリしました。

私は毎回、「これが旅番組だったらどんなタイトルをつけるだろう……？」と想像してみることにしています。職業病かもしれません……（笑）。

ココナッツウォーターやキヌアなど、
話題のスーパーフードをたくさんゲット！
お土産にも喜ばれます♪

PREPARE

旅の準備をはじめよう！

充電器、変換プラグはひとまとめに

全世界対応タイプのプラグ。これひとつあればどこでも大丈夫。

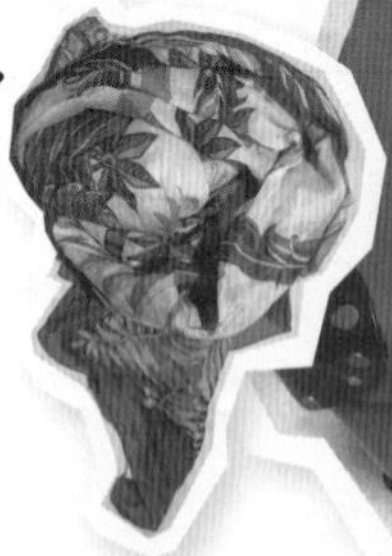

大判ストール

寒い時や冷房がキツい時に使えて、お洒落にもなる万能なストールが◎。イスラム圏では肌や髪を隠すためにも必須です。

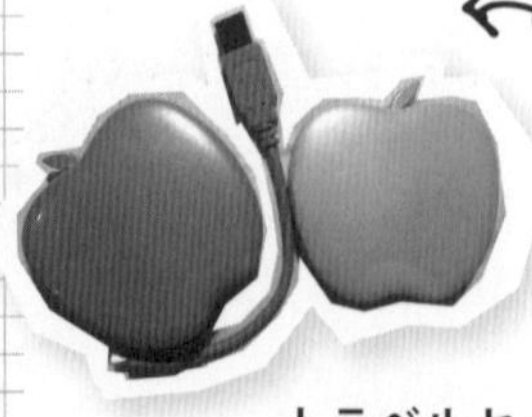

モバイルバッテリー

私の旅の命綱であるスマホを電池切れにさせないための、必要不可欠アイテム。

トラベルセットの化粧品

ドラッグストアでセットになって売られているものがコンパクトで便利。普段使っているものじゃなくても気にしません。

海外旅行というと、念には念を入れていろいろ持って行きたくなってしまうもの。でも、現地で手に入るようなものはわざわざ持参する必要はありません。荷物はなるべく少なくシンプルに。ヨーロッパに5日以上……とかならスーツケースで行きますが、アジアに3日くらいの旅ならリュックひとつで飛び立ちます。

ジッパー付き保存用袋

ものを小分けにしたり、一回で食べきれないものを入れておいたり。あると何かと便利。

薬

痛み止めと胃薬くらいは持って行きます。外国の薬は強いので、以前飲んでフラフラになりました……。

折り畳みボストンバッグ

帰りに荷物が増えても、コレがあれば安心。かなりコンパクトに折りたためます。

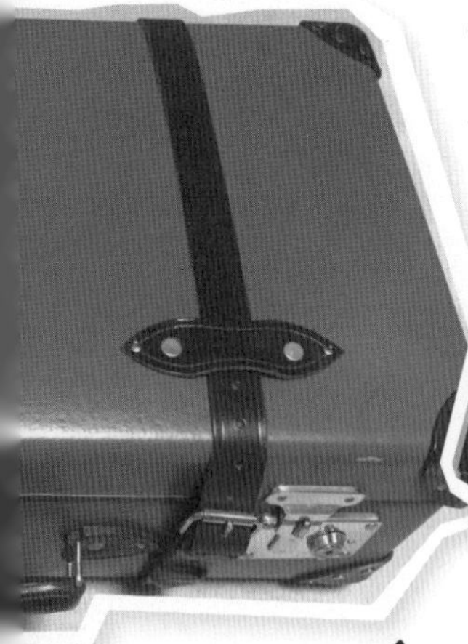

グローブ・トロッターのスーツケース

イギリスで1つ1つ手作りされているこのスーツケースは、なくてはならない旅の友。頑丈で軽く合理的でありながら、クラシックな姿がお気に入りです。

着替えはBRANIFFのトラベルバッグに！

シワや型くずれが防げて、しかも可愛い！　大中小、サイズ違いで使い分けてます。

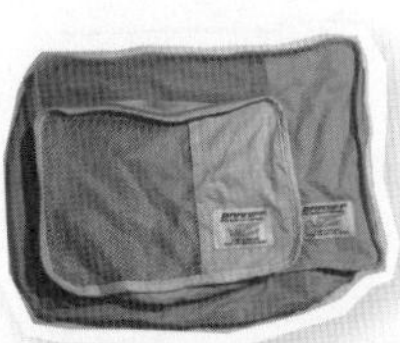

DANGER

世界の危険を回避しよう！

ひとり旅が好き！　と言うと、必ず聞かれるのが
「女性１人で危なくないの？」ということ。
たしかに、土地勘のない外国を歩くにはリスクも伴います。
私も何度ヒヤッとする場面に遭遇したことか……。
ここでは、そこから得た教訓や、危険回避のための
テクニックをご紹介します。

Point 01　夜道、ひと気のない道は歩かない

とにかく基本中の基本！　これを守っているだけで、リスクは大幅に下がります。夜ごはんやナイトマーケットなど、どうしても夜に外出したいときは、**ホテルからタクシーに乗って直接賑やかな場所まで行き、帰りもその場所から安全なタクシーを確保して戻る**のがマスト。そして、たとえ**昼間でもひと気のない裏道には入らない**こと。冒険心よりも警戒心を優先しましょう。

Point 02　道でガイドブックを開かない

観光客というのはただでさえ悪い人に目を付けられがち。路上でガイドブックを読むなんてのは、自ら「カモです！」と宣言しているようなもの。私は絶対にホテルやカフェなど、落ち着ける場所でしか開かないようにしています。そのかわり、**ガイドブックの必要な部分をスマホで撮影して画像で持ち歩いたり、電子書籍版『地球の歩き方』**

をダウンロードしておき、外ではスマホひとつで困らないようにしています。観光中は「ただスマホいじってるだけです！　全く迷ってないです！」といったオーラを出しながら歩きましょう。

Point 03　愛想笑いをしない

日本人がやってしまいがちな愛想笑い。実はコレ、女性のひとり旅ではめちゃくちゃ危険！　そのことを痛感した、ある事件がありました。シンガポールのインド街を真っ昼間に歩いていたときのこと。ひとりの男性に話しかけられたものの、訛《なま》りが強くて英語が全く聞き取れず、困った私はつい愛想笑い……すると、男性は私の手を引いて、ひと気のない路地裏へと連れて行こうとするではありませんか！　振りほどいて必死に逃げましたが、あとから考えてみるとどうやら彼は「俺と一回どう？」と、超ストレートに誘っていたみたい。それに笑顔で頷《うなず》いていた私って……**変な誤解を生むので、安易な愛想笑いは絶対にやめましょう！**

Point 04　日本語がやたら上手い現地人には気を付けろ

海外にいて日本語で話しかけられると、つい安心してしまうもの。でもちょっと待って！　中にはその安心感につけこんで騙そうとしてくる悪い人も。トルコでは日本語ペラペラの現地人に「ウチの店でお茶だけどうぞ」と話しかけられ、すっかり信用してしまった私。言われるがままついていくと、お店にいた別の男性から強引に口説かれ、逃げようとすると腕をつかまれて押し問答に。なんとかその場から逃げだすことができましたが、もし逃げられていなかったらどうなっていたことか……。日本語が上手い現地人の中にも本当にいい人はいるのでしょうが、**親切心と下心を見分けることは難しいので基本的には信用しないことにしています。**

Point 05 外でのお酒は2杯まで

２杯というのはあくまでも私の基準ですが、旅行者が土地勘のない場所を千鳥足で歩くほど危険なことはありません。もうちょっと飲みたいところを我慢して、**それ以上はホテルのバーか部屋で飲む**と決めています。

Point 06 ナンパ対策には左手薬指に指輪！

日本人女性はすぐ落ちると思われているのか、海外では本当によく声がかかります。

しつこくついてくる人も多いので、**左手薬指の指輪をチラつかせて「夫がホテルで待ってるの」と鮮やかにスルー**しましょう。それでも引き下がらないツワモノもいますが、経験上この方法が一番手っ取り早いです。

Point 07 しつこい客引きには方言が効果的

東南アジアの観光地などで頭を悩ませられるのが、しつこい客引き。ホーチミンでは、セールストークをしながらついてくるバイクタクシーの運転手を撒《ま》くのが大変でした。英語やカタコトの日本語でセールストークをしながらついてくるのですが、共通の言語で対応しても相手のペースに乗せられるだけ。試しに「歩いて行くけんタクシーやかいらん！」と地元愛媛の言葉で断ってみたところ、運転手はポカーンとあっけにとられてそれ以上ついてきませんでした（笑）。**方言が話せない人は偽の関西弁でも効果大。早口でハッキリと意思表示するのがポイントです。**

Point 08 訪れる前に「地名＋治安」で検索してみよう

この作業、実はめちゃくちゃ重要です。私も何度か、知らぬ間に治安の悪いエリアをウロウロしていたことがありました。

ＬＡでは「リトルトーキョー」というエリアに宿泊したのですが、何だか周辺の雰囲気が良くない……。歩いているうち危険なエリアに入り込んでしまい、怪しい身なりの男に遠くから何かを大声で叫ばれ、慌てて逃げました。後から調べてみると、その場所は治安の悪いダウンタウンに位置していたことが発覚。「トーキョー」という響きに安心しきっていた私がバカでした……。

さらに、アテネの中心地から三駅ほどのところにあるホテルでは、外出時にドアマンの方から「ここは治安が悪いから夜までに戻ったほうがいい」と忠告され、ビビッて外出を中止したことも。**海外では中心からちょっと離れただけで急に治安が悪くなったりするので、必ず行くエリアの治安をネットで調べましょう。**

カンボジアの孤児が通う学校。
子供たちの笑顔に癒されました。

SHODENSHA AIRLINES

CHAPTER 3

世界に歩き出してみよう

はじめて空港に降り立ったとき、期待とともに不安もあったりしますよね。これから何が待ち受けているのだろう、と考えると少し武者震いもあったりして。でも、きちんと事前に情報を調べておけば大丈夫！

TRANSPORTATION

世界の移動手段を使いこなしてみよう

まずは何といっても、空港からホテルまでの足が重要。
タクシーならいくらかかるのか、公共交通機関なら
どういうルートで行くのか、切符はどう買うのか。
到着まで何度も頭の中でシミュレーションします。
そして、海外の電車やバスは
乗っているだけでテンションがあがる！
移動手段というより旅の大きな楽しみのひとつです。

地下鉄編

海外の地下鉄ってちょっと怖いイメージがありますよね？　でも乗る時間さえ気をつければ安心、便利な移動手段です。切符の買い方、改札のシステムなど国によって個性があるので是非チャレンジしてみよう！

▶▶▶ パリのメトロ

乗り換えも、慣れてしまえば東京の地下鉄と勝手は変わりませんでした

私がひとり旅をするようになったきっかけは、コレに乗って街をお散歩したかったから。ちゃんと乗りこなせるか心配だったけど、**路線図さえしっかりチェックすれば東京の地下鉄とそう変わらない**ので、すぐに慣れました。カルネという10枚つづりの切符を買っておけばとっても便利。街の中を気ままにぶらぶらと歩き、どこまできたかわからなくなっても、駅のM

マークさえ見つければそこからまたメトロに乗って元の場所へ……。フランス語の駅名アナウンスは、「Europe」駅が「ウホップ」だったり、想像していた読みと違って面白かったな～。メトロを降りたら**「Sortie（出口）」の表示を頼りに歩けば、地上に出られます。**パリの街を自由に歩く、ずっと憧れていた旅でした。

▶▶▶ ロンドンのチューブ

　こちらも一度は乗ってみたかった！　駅ごとにデザインが違っていて、色鮮やかでかっこよかったな～。降りるときに流れる「Mind your gap!」（足元に注意！）というアナウンスが印象的。**オイスターというSuicaのようなカードを買い、お金をチャージして市内を乗り回していました。**路線が多くて乗り換えを間違えるときもありましたが、そんなときは**ロンドンの地下鉄路線図アプリが便利。**移動しながら駅名を確認できるので、電車内で紙の路線図を広げなくて済みます。パディントン駅やビクトリア駅などの大きな駅は「ザ・ロンドン！」という感じがして感激したな～。

駅構内にはミュージカルや映画などのオシャレな広告が多く、見ていて飽きません

電車編

**快適な長距離電車もあれば、
ドアもない貨物列車のような電車もあったり。
世界の鉄道にはいろいろな電車が走っています。
リアル「世界の車窓から」を楽しんでください。**

▶▶▶ スイスの長距離鉄道

窓からの絶景が、お酒とおつまみを
さらに美味しくしてくれます！

ジュネーブからマッターホルンの見える街ツェルマットまでは3時間半。このときは友達でフリーアナウンサーの杉崎美香ちゃんとふたり旅。ワインが大好きで、よく一緒に飲み歩いている私たち。**長時間の移動は飲むに限る！**……ということで、ワインやハム、チーズを大量に買い込み、車内で即席飲み会（笑）。車窓からの絶景を眺めつつチーズとワイン片手に楽しくおしゃべりしていたら、あっという間に着いちゃいました。飲む気満々で来たので、小さなグラスやナプキンを持参するという準備の良さ（笑）。ひとり旅もいいけど、気の合う女友達とこうしてゆっくりお酒を飲みながらの旅も楽しいですね〜。到着するまでに、ワインを2本もあけちゃいました！

▶▶▶ ミャンマーの電車

ヤンゴン市内には山手線のような環状線が走っていて、一周３時間ほど。外国人が電車に乗るときは身分証を提示して特別なチケットを買う必要があります。速度はかなり遅く、ドアも冷房もついていません。車内には物売りの人がいたり、線路を歩いている人がいたりと、驚きの連続。窓の外には素朴で生活感のある風景が広がっていて、眺めていると時間がたつのを忘れてしまいそう。駅舎のない駅がほとんどで、到着するとみんな勝手に線路の上に降りていました。途中、露店が並ぶ小さな村で降りて屋台の麺料理を食べたり、村の中をお散歩したり……。下車した駅の名前は忘れてしまったけど（というか読めなかったけど）、すごくいい思い出です。**鉄道好きじゃなくても、外国の電車に乗るのは素敵なイベントになりますよ。**

係員が間違えてローカル専用車両に乗せてくれました

タリス編

**タリスとはフランス、ベルギー、オランダ、ドイツの
４カ国を走る高速列車のこと。
別名「赤い列車(ルージュトレイン)」と
呼ばれているように、ワインレッドの車体が美しい。**

▶▶▶ パリ〜ブリュッセル

タリスでパリからベルギーのブリュッセルまでは約１時間半。このとき初めて電車で国境を越えるという経験をしたのですが、「こんなに気軽に他の国に行けちゃうんだ……！」と感動してしまいました。ヨーロッパの国々は近くて地続きなんだ、と改めて実感。海に囲まれた島国育ちの日本人にとっては、とっても新鮮な感覚です。

パリ北駅のホーム。ここから
ヨーロッパの各駅につながります

長距離列車なので、座席は全席指定。日本からもネット予約できるけど、混んでいない時期だったので駅の窓口で直接チケットを購入しました。車窓からヨーロッパの田舎町の風景を眺めつつ、駅で買ったサンドイッチとオレンジジュースで朝ごはん。どこからともなく「世界の車窓から」のメロディーが聴こえてきそうです。

駅のスタンドで何気なく買った
サンドイッチは超美味！
本場のいいチーズを使ってます

トラム編

トラムというのは路面電車のこと。
電車や地下鉄ほど、「乗るぞ！」という気概なく気軽に乗れるのが嬉しいですよね。
風景の１つとして、その街に根付いている交通機関です。

▶▶▶ イスタンブール

道のど真ん中を走り抜けるトラム。歩いているときは接触しないよう注意が必要

　イスタンブール市内の移動はトラムが便利。ただ、**トルコ語の駅の名前が難しいので、車内アナウンスの駅名を聞き取るのは至難の業！**「Zeytinburnu（ゼイティンブルヌ）駅」や「Sultanahmet（スルタンアフメット）駅」など、日本人には耳なじみの薄い響きに悩まされました……。目的地に着くまで、耳をフルに研ぎ澄ませていなければいけません。

▶▶▶ ブリュッセル

ラッピング広告がカラフル！白い街並みに映えます

　ブリュッセルは観光スポットがコンパクトにまとまっていて、すごく回りやすかった！　気になる場所があればトラムを降りて、歩き疲れたらまた次の駅から乗って……街での移動は自由自在。このときは**一日乗車券を買って、地下鉄とトラムをフルに活用しました。**どこを見ても絵になる街だったな～。

バス編

現地の生活を身近に感じたいなら、
バスを利用するのがオススメ。
電車よりも路線図がわかりにくいので、
運転手さんや周りの人に聞くのをお忘れなく。

▶▶▶ ＬＡのバス

トランクを盗られないように
ずっと見張っていました

ＮＹとは違って鉄道の便があまり良くないので、どこへ行くにもバスを利用していました。ちゃんと着くか不安なので、乗るときに必ず行き先を確認。念のためにTwitterでバス停の写真をアップしてみたら、なんとＬＡに住むフォロワーさんから「それで合ってますよ！」という返信が！　ありがたかったな〜。

▶▶▶ ヤンゴンのバス

日本語で表示された
ブザーです

郊外から市内へ戻るとき、たまたま通りかかったバスに「Do you go to the City?」と聞いてみたところ、「Yes」というので、慌てて飛び乗りました。**ヤンゴンの電車やバスは日本のおさがりを使っていることが多く、車体に張ってある広告や行き先表示も日本語のまま。**スタッフが直接、乗客から料金を徴収していました。アナログでいいな〜。

係のお兄さんが乗客を
ひとりひとり
チェックしています

東南アジアの乗り物編

東南アジアの交通状況はカオス！
車、バイク、自転車などがひしめき合い、
信号がある場所も少ないので道路を渡るのも一苦労。
東南アジアでの移動は現地ルールに従うのが一番。

▶▶▶ ホーチミンのバイクタクシー

バイクタクシーとは、バイクの２人乗りで行き先まで連れて行ってくれるタクシーのバイク版のこと。とにかく客引きがしつこいし、観光客はかなりの確率で値段をふっかけられます。結局、メーター付きの普通のタクシーに乗ったほうが安あがり。でも、風を受けてアジアの街を疾走するのはすごく気持ちがいい！　一度は体験する価値があります。ただ、中年のおじさんとの原付二人乗り……ちょっと、切ないです。

▶▶▶ シェムリアップのトゥクトゥク

三輪車のトゥクトゥクといえばタイが有名ですが、カンボジアでもトゥクトゥクが走っていました。料金は交渉制。ぼったくられるかと思いきや、カンボジアのドライバーはわりと良心的だった印象。客引きもそこまでしつこくなく、安心して使うことができました。

日差しも防げるし、乗り心地も快適♪

2XXX / XX / XX

危険！ 海外の個人タクシー

日本ではタクシー＝安全な乗り物、という認識ですが、海外では危険なタクシーも多いので要注意！　特に女性の場合、タクシーの運転手が平気でナンパしてきたりします。密室だし、どこに連れて行かれるかわからない恐怖度はMAX……！　ギリシャのアテネでは、広場で拾ったタクシーの運転手にいきなり「飲みに行こうよ！」と誘われ、断ると「じゃあ今ココで盛り上がろう！　クラブタクシーだ！　イェー！」とペンライトを振り回し、異常なハイテンションで迫られました。恐ろしすぎて、その場でタクシーを降りるハメに（多めにお金を置いて……）。

特に怖い思いをしたのがベトナムのホーチミン。空港からホテルへ向かっている途中、夜道でいきなり車が停車し、運転手の友達と思われる男がなぜか助手席に乗り込んできました。いくら持ってるのかと聞かれ恐る恐る財布を見せると、そこからお金を半分抜いて男は下車。１万円しか両替してなかったから良かったものの、結局700円くらいで行けるところを5000円も取られてしまいました。とはいえ、無事にホテルに到着できただけでももうけもの。被害がお金だけで済んで本当に良かった！

後から知ったのですが、ホーチミン含め、アジアの観光都市は空港で市内までのタクシーチケットを販売しているところが多いです。これは、観光客がぼったくられないための安心なシステム。絶対に利用するべき。

逆に、ロンドンのタクシーは運転手になるための職業訓練が厳しいらしく、最高に快適！　通称ブラックキャブと呼ばれる正規のタクシーは、ロンドンの道を知り尽くしているプロ中のプロ。どんな場所でも連れて行ってくれました。車内も広々していて、大きな荷物があっても余裕。深夜でも安心して使えます。

SIGHTSEEING

まずは定番！
ザ・観光名所へ行こう！

その国を代表する、超有名観光スポットは、
まず最初に訪れてしまうのがオススメ！
街のランドマークだから行くのが簡単だし、
その間に街に慣れることができます。
ドラクエだって、まずは「最初の洞窟」から始めるよね。
それと同じような感じかな？(笑)。

マリーナベイサンズ
シンガポール

もはやシンガポールで最も有名なアイコンとなった、船の形のホテル。宿泊するには料金が高すぎるので、もちろん泊まらず見るだけ。船の上は空中庭園になっていて、宿泊客のみが利用できる眺め抜群のプールがあるんだって～！　あのプールサイドでビールでも飲みながら景色を見下ろしたら最高だろうなあ。**クラークキーという場所からリバークルーズの船が定期的に出ている**ので、そこから見上げるのもいいもんですよ（笑）。

ガイドさんがいるので、
写真もバッチリ撮ってくれます

夜明け前の凱旋門は
ライトアップされていました

凱旋門
パリ

はじめてのパリで、まず真っ先に見に行ったのがこの凱旋門。早朝、辺りにひと気のない凱旋門をひとり占めしちゃいました。威風堂々としたその大きな姿と、細部まで施された美しい彫刻に心を奪われます。**入場料を支払えば凱旋門の屋上まで上ることができ、パリの街が一望できるそうですよ。**

エリザベスタワー
ロンドン

タワーを前に、なぜか手を
挙げてみました(笑)

とりあえず、これは見とかなきゃ！　ロンドンといえば、ビッグ・ベン！ **2012年に女王の即位60周年を記念して名前が変わった**ので、コレはまだ名前が変わる前のタワーです。ここに立って写真を撮るのが夢でした♥

パルテノン神殿
ギリシャ

古代ギリシャ文明の栄光の象徴、パルテノン神殿。アクロポリス遺跡の頂上に建っているので、神殿まではちょっとした山登り！　まわりに高い建物がないため、頂《いただき》に立つとアテネの街が眼下に一望できました。それもそのはず、**アクロポリスの「アクロ」はギリシャ語で高いところ、「ポリス」は街という意味。そこはまさに「天空の街」でした。**そびえ立つ神殿や遺跡群に囲まれていると、まるで古代ギリシャにタイムスリップしたような気分……。その場だけ時間が止まっているかのような、不思議な空間でした。まあ、目にしたときの第一印象は「聖闘士星矢《せいんとせいや》の世界だ！」でしたが（笑）

ギリシャ文明の風を感じます！

早起きして行くのがオススメ！
逆光に浮かび上がる寺院に
思わず息をのんでしまう

アンコールワット
カンボジア

アジアの世界遺産の中でもトップの人気を誇るアンコールワット。**シェムリアップの中心からはトゥクトゥクで15分ほど。**日の出前に宿を出発し、朝焼けに染まるアンコールワットを拝みました。うっすら赤く染まる東の空に浮かぶその姿はとても神秘的で、集まった観光客からは思わず拍手が沸くほど。寺院の前に広がる水面に映る姿もまた美しく、太陽によって作り出される色の交わりに、ついつい目を奪われます。国内外からの旅行者だけではなく、多くの仏教僧が祈りを捧げに来る神聖な場所なんです。

ブルーモスク
トルコ

初めて触れるイスラム文化に感動！

上品さとダイナミックさを合わせ持つ、ブルーモスクことスルタンアフメト・モスク。外から見てもキレイだけど、内側から見上げた天井もモザイクが貼り巡らされていてとても美しい！　ついつい見上げすぎて首が痛くなってしまいました。観光客もＯＫなモスクですが、入るときは一応きちんとストールで髪の毛を隠してから中へ（肌の露出もダメです）。**宗教施設へ入るときは、その宗教への尊敬の念を忘れないように気を付けなくてはいけません。**モスクの中は土足厳禁。入り口に置いてあるビニール袋に靴を入れて、中に入ります。

天井に張られた
イズニックタイルが
幻想的

グランプラス
ベルギー

「世界一美しい広場」と言われる、ブリュッセルのグランプラス。**昼間も素晴らしいのですが、夜になるとまたガラッと違う顔を見せてくれます。**ライトアップされたグランプラスはとても幻想的で、思わず感動！　商人や職人の権利を守るため作られた広場ということで、辺りにはたくさんの小さなお店が軒を連ねています。雑貨や食品など生活に必要なものが並び、とても活気ある道が続きます。広場に面したオープンカフェでベルギービールを飲みつつ、日没後の薄暗い空に浮かび上がるグランプラスをひとり眺めました。なんて贅沢な時間……。今でも忘れられない体験です。

まるでおとぎ話の世界に
いるようでした

CHAPTER 3

ゴシック様式の市庁舎。
迫力に圧倒されます

マリエン広場
ミュンヘン

ミュンヘンの観光スポットはこの広場の周りに固まっていて、とても回りやすかったです。**２本の塔を持つフラウエン教会や、ソーセージやスパイスが並ぶヴィクトリアンマルクトの市場も歩いてすぐ。**シンボルの市庁舎には人形が出てきて踊る仕掛け時計があり、定時になるとさまざまな国籍の観光客がカメラを持って集まっていました。人形たちが音楽に合わせて踊る様子は、とってもキュート♥

12月にはクリスマスマーケットも開かれ、人の混雑もピークになるそうです。ライトアップされた夜の市庁舎も、とてもロマンティック。

シュエダゴン・パゴダ
ミャンマー

パゴダとはミャンマー様式の仏塔のこと。その中でもヤンゴンのシンボル、シュエダゴン・パゴダは一番の人気。観光客よりも地元の人たちで賑わっていました。敬虔《けいけん》な仏教徒であるミャンマー人は、日常的にパゴダにお参りをするそう。さぞかしみんな熱心にお祈りを……と思いきや、座ってずーっとスマホをいじってる若者たちも。実はここ、ヤンゴンではまだ貴重なＷｉ－Ｆｉスポット。ＳＮＳなどインターネットを楽しみに来る人も多いみたいです。格式高い仏塔ですが、現地の人々の憩いの広場という印象も受けました。

黄金に輝く寺院はまさに圧巻です！

ちなみにパゴダは土足厳禁。靴下も脱がなければいけません。屋外を歩くため足の裏は真っ黒になりますので、ウェットティッシュなどを持って行くといいかもしれませんね。

カラフルでド派手な街並が
ザ・ハリウッド！

ハリウッド
アメリカ

世界中からの観光客でごった返していた、ハリウッド！色鮮やかな看板やお店のネオンなど、これぞアメリカ！という感じです。地面に**スターたちの名前が刻まれたハリウッド・ウォーク・オブ・フェームでは、みんな下を見ながらさまざまなビッグネームを探していました**。映画グッズがたくさん売られているお土産物屋さんを巡って、ハリウッドの雰囲気を十分堪能できましたよ！　本場のユニバーサルスタジオにも行ってみたかったけど、さすがに1人で行くのは気が引けて断念……。いつか、リベンジするつもりです（笑）。

MANABE'S STYLE

国別 旅行ファッション

FASHION

TRAVEL

旅行に行くときはなるべく目立たないのが鉄則！
貧乏くさい格好で行ったほうが狙われにくい！
……とはよく聞きますが、
旅先でだっておしゃれをしたいのが女子の本音。
派手派手なのはダメだけど、その土地の景色になじむように
おしゃれを楽しんだほうが旅気分も盛り上がります。
アジアでは、現地で民族衣装を買うことも。
写真に写ることを考えると、
ファッションも大切な思い出の一部ですよね！

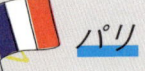

パリ

冬のパリでは、ムートンコートで完全防備。パリは北海道の稚内よりも北にあって、おまけに石畳だから足の裏から冷え冷えになります。寒い時期の旅は、あったかくて可愛いコートさえあればＯＫ！　中に着る服はシンプルにしてあまりこだわらないことにしています。

これ１枚で可愛く見える、便利アイテム！

細身のダッフルコートはお気に入りの一枚！

ロンドン

アーガイル、スクール、プレッピィ……ブリットガールに憧れてやりすぎちゃった…？　ロンドンでもなんだか浮いていたような……。本物のブリットガールはシンプルでもおしゃれに見えるきれいめスタイルでした。

LA

テーマは「西海岸セレブの休日」（笑）。デザインのきいたＴシャツは１枚でラフに着てもちゃんとキマるので重宝します。

ビーチに行くにはロングスカートが欠かせません

ディテールの凝った服は１枚でオシャレ！

ギリシャ

シンプルだけど、なんとなくデザインが古代のヨーロッパっぽいな〜と思って着て行ったカットソー。白い壁が美しい地中海の街並になじんで、いい感じでしょ？

スイス

大自然の色を邪魔しないよう暗めのカラーでおさえつつ、デザイン性とハットでおしゃれ感を出してみました。

旅先では髪型が決まらないので、帽子は必須！

トルコ

イスラム圏では肌や身体のシルエットを見せないようにと、ロングスカートをはいて行きました。下にはあったかタイツで寒さ対策もバッチリ。お店でトルコ人の男性店員に「今の女性はみんな肌を見せすぎだ。君はちゃんと隠していて素晴らしい」と誉められましたよ（笑）。

イスラム圏でもロングスカートが大活躍！
肌見せは厳禁

グアム

実はこれ、上下セットのルームウェア。リゾートではこれくらいラフでも全然大丈夫ですね。ジップパーカーは外では腰に巻いて使えるし、冷房の効いた室内では寒さ対策で着られるので便利です。

セットアップはバラバラでも使えて旅には便利。

オーストラリア

素足ではけて靴下いらずのUGGは使えます！

オーストラリアといえば、やっぱりUGGのムートンブーツ。現地では日本よりもかなり安く買うことができました。歩きやすさはバツグンだし、暑くても意外にムレないので旅にはもってこいです。

カンボジア

物価の安いカンボジアでは、着替えを持って行かずに現地で安い服を買って着ようと決めていました。ナイトマーケットの露店で民族衣装っぽいシャツとパンツを買いましたが、カンボジアとはまったく関係のないデザインだったみたい……。でも、遺跡の風景にはちゃんとハマってるでしょ？

パンツとシャツ、上下で2000円くらいでした。

ミャンマー

　着替えをほぼ持たず、リュックひとつで行ったミャンマー。現地の人が腰に巻いている「ロンジー」を買って着ていました。タンクトップは速乾性のトレーニングウェア。汗もすぐ乾くし、夜に石鹸で洗って干しておけば朝には乾いています。暑い国ではスポーツ用のウェアがオススメ。

ロンジーの下にはヨガパンツをはいてます。動きやすい！

どうする？ 何枚持って行く？

下着問題

女子にとって大切なのが、下着の替え。日数分持って行くと、それだけでかなりかさばりますよね……。私は何泊だろうと、持って行くのは１〜２枚。薄くて乾きやすい生地のものならバスルームで洗えるし、荷物もコンパクトにできるんです。

洗濯にも使える！ 大きめジップロック

旅先でのお洗濯はバスタブや洗面台の中で洗うことが多いのですが、シャワーしかなかったり洗面台の衛生面が気になる宿も。そんなときは大きめのジップロックに洗濯物を入れてつけ置き洗い。洗剤はお部屋にある石鹸でじゅうぶん！

南国では下着代わりに水着を着ることも

汗を吸うし洗ってもすぐ乾くのでとても便利。これなら急にプールに入りたくなっても大丈夫！

トレーニング用のアンダーウェアは使える！

汗をかくことを前提に作られているので、暑い国でも快適です。

おしゃれで軽くてラクチン！ Hanky panky

NY生まれのランジェリー。普段使いもできてデザインもカワイイ！薄くて軽く、旅にもピッタリなので愛用しているブランドです。シャワータイムに洗って干せば、本当にすぐ乾くの！

SHODENSHA AIRLINES

CHAPTER 4

行ってよかった！ 美しい絶景！

これぞ旅のハイライト！
絶景を目の当たりにするだけで心の底から感動し、
小さいことなんてどうでもよくなってしまいます。
ここからは
私が旅先で出会った絶景たちをご紹介。

ベルギー、グランプラス広場にて

SHODENSHA AIRLINES

COUNTRY **ギリシャ**

サントリーニ島イアの町

ACCESS　アテネ空港より飛行機で約1時間

絵葉書の中に迷い込んだかのような、感動的な美しさ！　真っ白な壁に真っ青な屋根、そして目の前に広がるエーゲ海……まさに、地上の楽園です。バカンスの時期には観光客で賑わうそうですが、私が訪れたのはオフシーズン。人通りもまばらで閉まっているお店も多かったけど、この風景をひとり占めできるなんて逆に贅沢でしょ？

― 行ってよかった！　美しい絶景！

エーゲ海の中でもひときわ美しい景色を見せてくれるサントリーニ島。切り立った絶壁に佇む白く美しい街並みは世界中の人たちを魅了。カップルで行くとロマンチック度も倍増！

SHODENSHA AIRLINES

COUNTRY アメリカ

✈グランドキャニオン

ACCESS　ＬＡより日帰りツアーに参加。飛行機で約１時間

アメリカのアリゾナ州にあるグランドキャニオン国立公園は「奇跡の渓谷」とも呼ばれ、世界最大の自然による浸食作用を見ることができる。南北に600m続く断層が織り成す美しい歴史の刻み、自然の雄大さを前にすると言葉を失ってしまう。

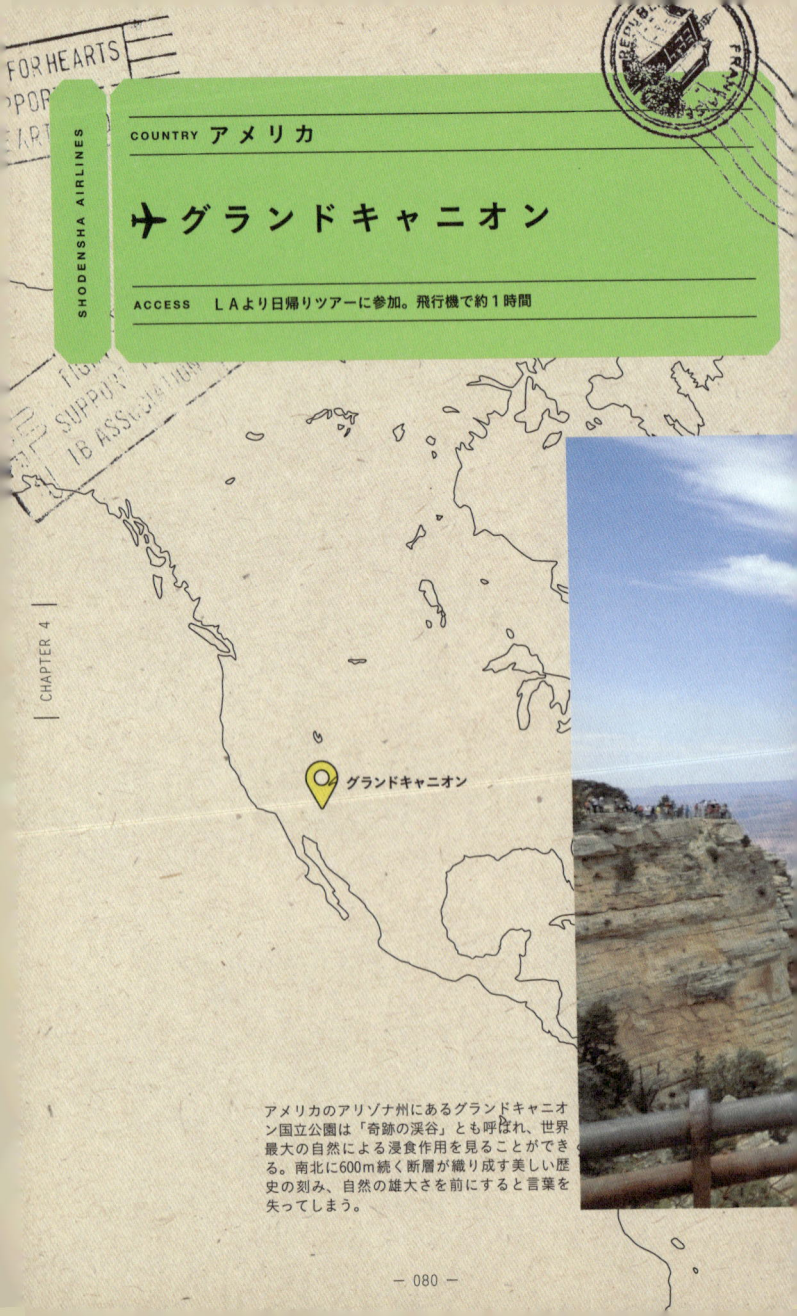

ＬＡ旅行の最終日、日帰りでツアーに参加しました。大自然が造り出した壮大なスケールの渓谷を前に全身が震え、思わず野生の雄たけびをあげてしまうほど感動。当初は予定に入れてなかったけど、行ってみて本当に良かった！　飛行機でのツアーなら、朝ＬＡを出発して夕方には戻って来られます。

行ってよかった！　美しい絶景！

SHODENSHA AIRLINES

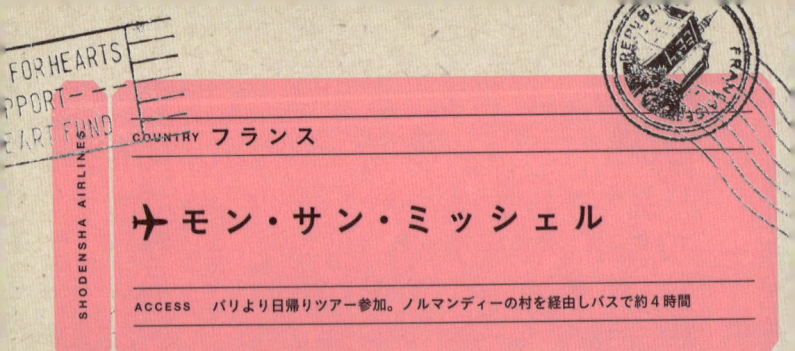

COUNTRY フランス

✈ モン・サン・ミッシェル

ACCESS　パリより日帰りツアー参加。ノルマンディーの村を経由しバスで約４時間

「天空の城ラピュタ」のモデルのひとつだといわれており、ラピュタファンとしては絶対に行ってみたかった場所。パリからのバス移動は長かったけど、海の上にそのシルエットが見えてきたときは、本当に島が浮かんでいるようでとても感動しました。お城の中から眺める湾の景色も素敵だったけど、やっぱりモン・サン・ミッシェルは遠くから拝む姿が一番美しかったです。

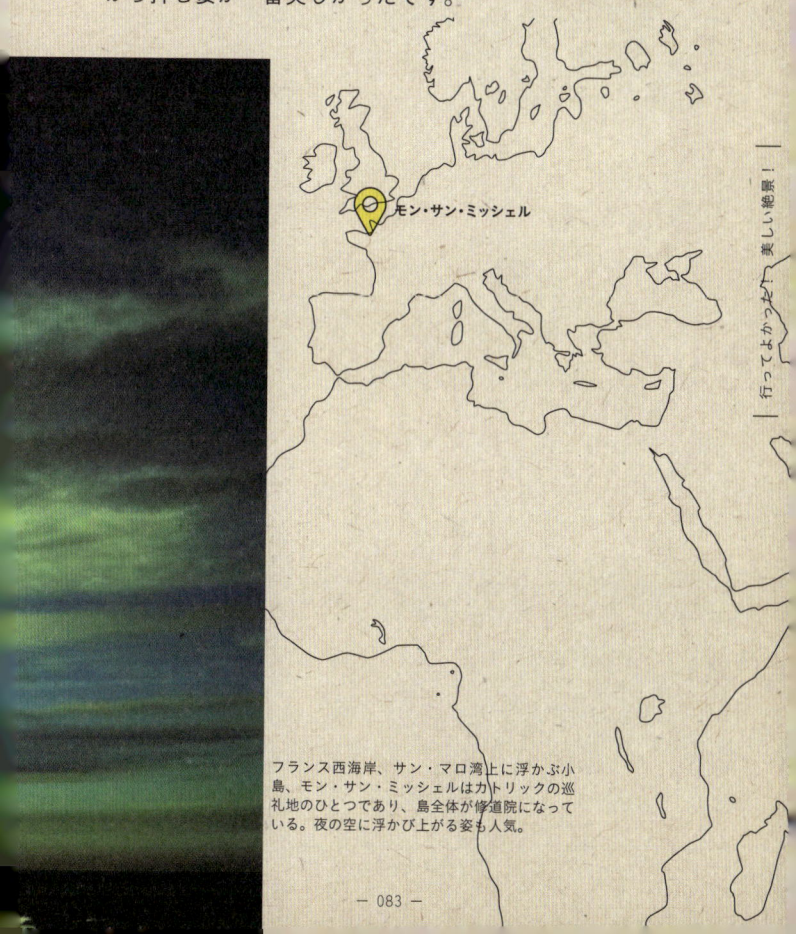

行ってよかった！　美しい絶景！

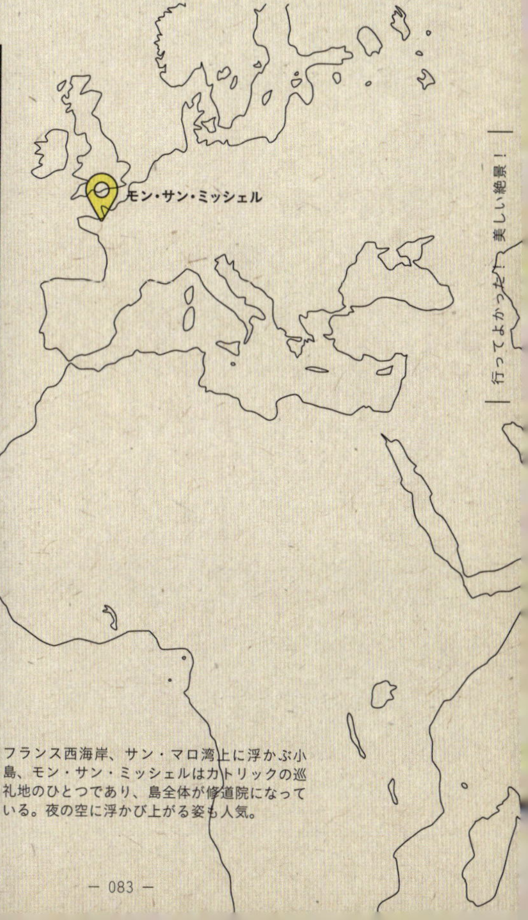

フランス西海岸、サン・マロ湾上に浮かぶ小島、モン・サン・ミッシェルはカトリックの巡礼地のひとつであり、島全体が修道院になっている。夜の空に浮かび上がる姿も人気。

COUNTRY スイス

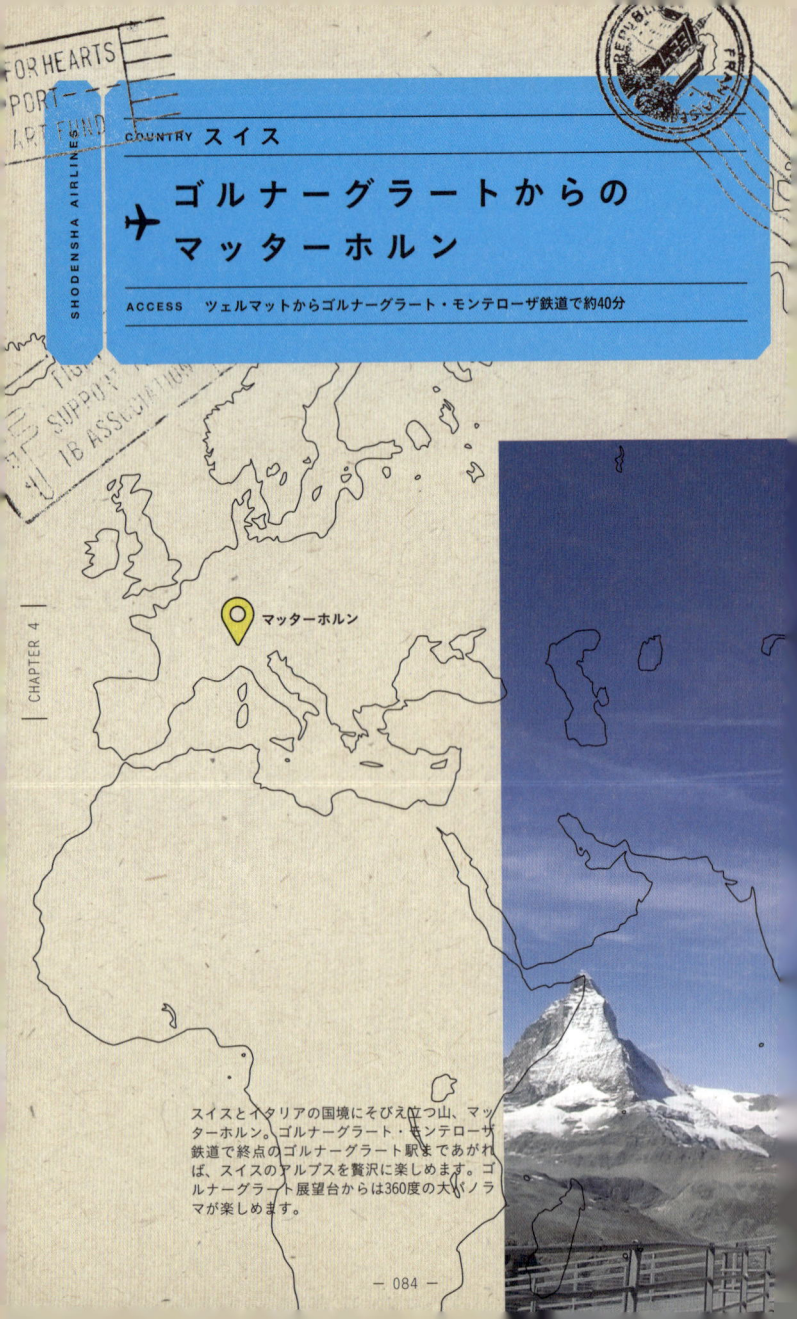

ゴルナーグラートからのマッターホルン

ACCESS　ツェルマットからゴルナーグラート・モンテローザ鉄道で約40分

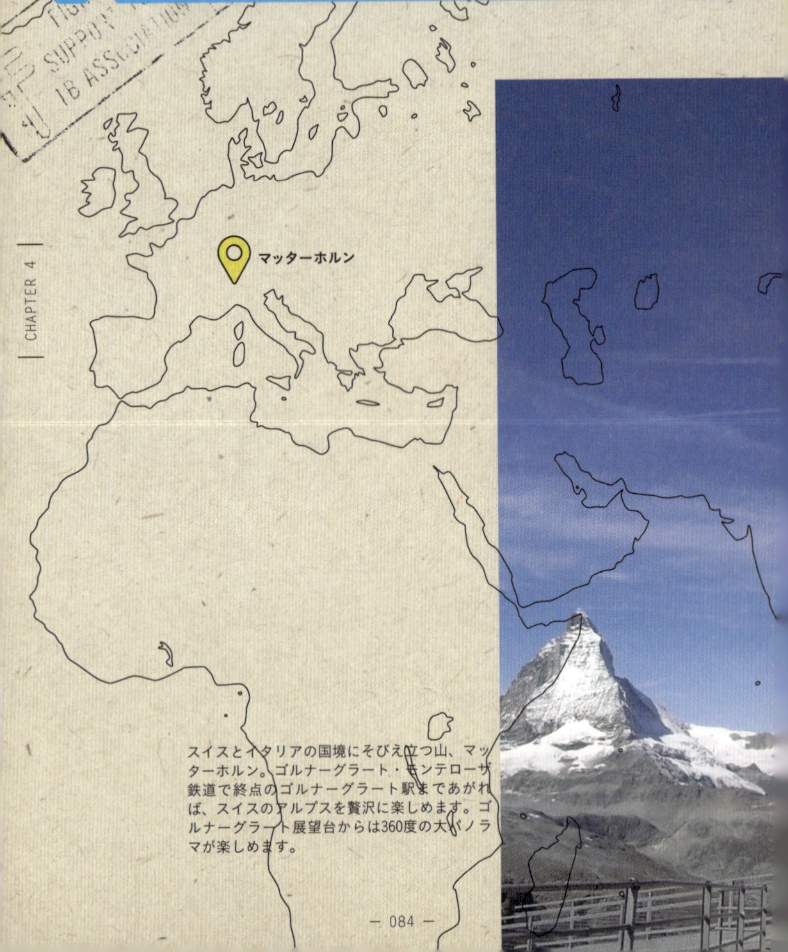

スイスとイタリアの国境にそびえ立つ山、マッターホルン。ゴルナーグラート・モンテローザ鉄道で終点のゴルナーグラート駅まであがれば、スイスのアルプスを贅沢に楽しめます。ゴルナーグラート展望台からは360度の大パノラマが楽しめます。

360度ぐるりと囲むアルプスの山々。中でも三角にとがったマッターホルンは、本当に神々しかった！　標高は3000メートルを超えているのに、登山列車で行けてしまうというのも凄いですね。さぞかし寒いだろうと思いきや、日差しが強いので軽装でも平気でした。景色の美しさもさることながら、ピーンと張りつめる澄み切った冷たい空気が、何とも言えず神聖な気持ちにさせてくれました。

COUNTRY カンボジア

プノンバケンからの夕陽

ACCESS シェムリアップの街からトゥクトゥクで約20分

小高い丘の上に建つ遺跡から、広い地平線の向こうに沈む夕日を拝みます。辺り一帯がだんだんとピンク色に染まり、静寂に包まれるまでの時間は「宇宙の営み」を感じずにはいられません。あまりの美しさに、その場を共有した観光客たちは不思議な一体感に包まれていました。

夕刻になると神秘的な空の色を見せてくれるカンボジア、プノンバケンの丘。アンコールワット遺跡ツアーにも組み込まれている観光客に人気のスポット。丘の上からはアンコールワットとともにカンボジアの森が360度見渡せる。

天気が悪かったのが残念だけど、
ミャンマーのゴールデン・ロックも印象深い！
チャイティーヨーという山の山頂にある石なのですが、
落ちそうで落ちない不思議な石なんです。

SHODENSHA AIRLINES

CHAPTER 5

世界をひとりで食い尽くそう

現地でローカルな料理を味わう……。コレ、最高の贅沢ですよね♡　カジュアルなレストランやカフェ、屋台のB級ご飯なら、ひとりでも気兼ねなくグルメを楽しめます。食いしん坊の私は、いつも旅に出る前に「絶対にコレを食べる」と決めて気分を盛り上げています。

タイの空港でアイスクリーム♡

FOOD

旅の楽しみといえば「食」！
いくら日本に各国のレストランがあると言っても、
本場の味にはかないません。
限られた時間でもその国の名物はできるかぎり
おさえておきたいですよね。
１日３食じゃ足りない〜、と何度思ったことか。
私が世界で食べてきたお料理の数々を
ちょっとご紹介します。

カフェ & レストラン飯

お店に入るとき、笑顔で「ひとりでもいいですか？」と声をかけてみると、たいてい「問題ないよ！」と快く対応してもらえるので安心です。最初の挨拶は現地の言葉でするのが好印象♥

サガナキ
ギリシャ

ギリシャは世界一チーズを食べる国。サガナキは歯ごたえのある食感のハロウミチーズをオリーブオイルで焼き、塩コショウで味付けしたシンプルな料理ですが、これがもう絶品！　白ワインが進みます。

チーズ好きには たまらない一品♪

生牡蠣
フランス

パリのレストランで牡蠣にあたった経験があるので旅先では牡蠣を食べないと決めているのですが、南仏の港町ニースでは食べないわけにいかない！　すごく新鮮で美味しかったし、あたることもなく大満足でした。

カヤトースト
シンガポール

きつね色に焼いたトーストに、カスタードのような「カヤジャム」を塗ったもの。現地では朝食やおやつとしてよく食べられるそう。プリンみたいな味の中にふわっとココナッツの風味がして、優しい味でした。カヤジャムはスーパーで瓶詰めのものが売られているので、お土産にもピッタリ。

クセのない
味わいです

フレンチディップ
アメリカ

たっぷりのビーフをこんがり焼いたパンにはさむ、ふつうのサンドイッチ……かと思いきや、肉汁で作ったソースにパンごとじゃぶっと浸《ひた》すという、驚きの料理！　パンがびちょびちょになっちゃうのでは……と恐る恐る食べてみると、カリカリに焼いてあるため中までは水分がしみ込んでおらず、いい感じに旨みを吸っていて美味でした。

エッグベネディクト
グアム

ローカルたちの憩いの場「The Kracked egg」。実はここ、朝食専門のレストランで営業はなんと深夜12時から昼の12時まで。そんな時間にやっているから、飲んだ後のシメを食べに来る人も多いんだとか。絶品のエッグベネディクトをはじめ、パンケーキやオムレツも人気だそうです。

カンガルー肉
オーストラリア

低脂肪、高タンパクでヘルシーなので最近日本でも注目されているルーミート（roomeat）。しっかりとした食感でクセはなく、とても食べやすかったです。ワニ肉やダチョウ肉など、珍しいメニューがいっぱいありましたよ～。

こんな可愛いあなたを
食べちゃうなんて……

B級ご飯

安くて気軽に食べられるB級グルメは、ひとり旅の強い味方。気に入った場所で景色を見ながら現地の味を堪能《たんのう》するのは、最高の旅の思い出になります。
ローカルの人たちが行列を作るお店は美味しいこと間違いなし！　ちょっと並んででも、絶対にゲットしましょう。

サバサンド
トルコ

イスタンブールの港にあるカラキョイ魚市場には、名物「サバサンド」の屋台が何軒も並んでいます。カリカリのパンと香ばしく焼けたサバ、新鮮な野菜、レモンの風味が絶妙にマッチ！　日本人の味覚にも合っていてものすごく美味しいです。これでひとつ5ＴＬ（約250円）。アジアとヨーロッパを隔てるボスポラス海峡を眺めつつ、港でひとりサバサンドをほおばります。振り返ればそこには異国情緒漂うモスクが……。異邦人の気分にちょっと切なくなった、思い出の味です。

港で1人サバサンド……
哀愁〜

ワッフル
ベルギー

新市街のいたるところで見かけた、ワッフルの屋台。ひとつ200円ほどと安いので、そう期待はせずに歩きながらかじってみたら……、思わず足が止まっちゃうくらい美味しかった！　外側はカリカリで中はふんわり。こんなに美味しいワッフルは初めて食べました。日本でもワッフルを出しているお店はたくさんありますが、やっぱり本場はちがうな～と思い知らされた一品。寒空の下で食べる熱々のワッフルは幸せだったなあ♡

ブーツアンドキモズのマカダミアパンケーキ
ハワイ

言わずと知れたハワイの名店「ブーツアンドキモズ」は毎日ロコや観光客で大行列。数時間待ちは当たり前だそうですが、テイクアウトだと40分ほどの待ち時間で手に入ります。お店の隣にはレンタサイクルがあり、自転車を借りて10分ほど走れば、目の前に広がるのは美しいカイルアビーチ！　砂浜に座ってひとり食べたパンケーキの味は最高でした！　マカダミアソースがたっぷりかかった1番人気のパンケーキは、ナッツのこくが濃厚でオススメ。

こちらの自転車でサイクリング！
気持ちよかった～

パブ
&
バル

ひとり飲みのお客も多く、
気兼ねなく入れる酒場はひとり旅にうってつけ！
お酒と一緒にその土地ならではのおつまみも
味わえるので、旅には欠かせない存在です。
ただし、飲み過ぎは禁物ですよ！

パブ
ロンドン

ロンドンのあちこちにあるパブは、最高のひとりご飯スポット。昼間から営業している店も多いので、ランチにフィッシュ&チップスとエールビール……、なんてこともできちゃいます。30歳もとうに過ぎて「未成年じゃないことを証明するIDを見せろ」と言われたことに気を良くし、滞在中、何度も訪れてしまいました……。

お酢をかけて食べるのが
イギリス流

サンセバスチャンのバル
スペイン

酒飲みの聖地、サンセバスチャンのバル街。世界中からグルメが集うこのバル街は、一杯ずつ何軒もはしごするのがお約束。カウンターに並んだピンチョスは、どれもびっくりするほど美味しいんです！　中でも最高だったのは「GANBARA」の蟹タルト。感激するほどウマかった！　間違いなく、世界最高レベルのバル街です。私は５軒でお腹いっぱい、ギブアップでした……。

メニューも
豊富にあります♪

U·S·A

ホットドッグ
ドイツ VS アメリカ

ホットドッグといえばどこを思い出しますか？　やはりアメリカ？　それともソーセージの本場ドイツ？　パンにソーセージをはさんだだけのシンプルなメニューだけど、お国によって個性が出ますよね！

ドイツで食べたホットドッグは、シンプルながらもジューシーでめちゃめちゃクオリティが高い！　パンもソーセージも超ロングで、ひとつでお腹いっぱい。味付けはシンプルにケチャップとマスタード。まさにソーセージが主役のホットドッグです。

一方アメリカは……セレブも並ぶという、ＬＡの大人気ホットドッグ店「PINK'S」。平日でもすごい行列なんです。看板もまさにアメリカンな感じ。ビッグなソーセージとチリソースのコンボがたまら〜ん！（写真なくてすみません……）。ハリウッドスターが並ぶというのも納得！　のお味でした。

もちろん
ドイツビールにもあう！

Germany

東南アジアの屋台と市場

活気溢れるアジアの街を最高に楽しめるのが、
屋台と市場。とにかく、安くて美味しいのが魅力♥
……でも、お腹をくださないよう
細心の注意が必要です！

路上で売っている生春巻き
ベトナム

ホーチミンでは、地元の人たちが歩道に小さな椅子を並べ、路上で売られているお惣《そう》菜《ざい》を美味しそうに食べている光景をよく目にしました。衛生状態が気になるものの、私も彼らに混じって２本で50円ほどの激安生春巻きをパクリ……。めちゃくちゃ美味しかったし、お腹もこわしませんでしたよ！

シェムリアップのナイトマーケット
カンボジア

世界中から観光客が集まるシェムリアップではナイトマーケットやパブストリートが賑わっていて、毎日がお祭りのよう。もちろん、ご飯もお酒も激安！　なんとビールが一本100円以下で飲めちゃいます！

中華街の屋台
シンガポール

ここで絶対に食べたかったのが、シンガポール名物の骨肉茶（バクテー）！　滋養たっぷりでとってもヘルシー。笑顔がステキな中国系のおじさんに骨肉茶を注文したのですが、中国語しか通じず、苦労しました……。

SHOPPING

海外旅行の楽しみといえば、やっぱりお買い物♥
ブランドものもいいけれど、フラッと立ち寄ったお店で
何気なく買った雑貨が、旅のいい思い出になったりしますよね。
ただし、現地の通貨だと感覚がマヒしてくるので、散財には要注意……。
通貨変換アプリなどを使用すると便利です。

有名お買い物スポット

世界でも人気のショッピングタウンでは、日本にまだ進出していないブランドを中心にチェックします。迷ったときは「日本では買えないし……買っちゃえ！」って言い訳もできるしね(笑)。海外で買った靴や服は思い入れがあるので、長く愛用することが多いです。

メルローズ[LA／アメリカ]

超有名なショッピングストリート。ＬＡカジュアルのアイテムが手に入ります！　絵になる街並はまるでアメリカの青春ドラマ！　珍しいブランドやハイレベルなアイテムがあまりにたくさんありすぎて、何を買ったらいいのか大混乱。結局見て歩いただけで、何も買うことなく街をあとにしました……。

ギャラリーラファイエット[パリ／フランス]

パリを代表する老舗《しにせ》デパートは、外観がテーマパークのようにキラキラでした！　しかも年明けの「ソルド（セール）」の時期に行ったので、ハイブランドのアイテムが半額以下。買い物魂に火がついて、靴やバッグを大量に買い漁ってしまいました。靴売り場の一角には日本人向けの「ジャパニーズ・カスタマー・サービス」もあって便利♪

ヨーロッパのマーケット

ヨーロッパへ行くと必ずチェックするのが、地元マーケット。もちろん美味しいグルメも目的だけど、１番の魅力はなんといってもおしゃれな雰囲気♪ 歩いているだけで、映画の主人公になったような気分に。アンティークの雑貨やバッグ、お土産にぴったりなアイテムにも出会えるので、絶対に行くべし！

スピタルフィールズ・マーケット［ロンドン］

いたるところで開催されるロンドンのマーケット。中でもここはアートやファッションなど、若手デザイナーの作品をたくさん見られて楽しかった！　ロンドンはアーティストに優しい街。学生さんも多く出品しています。タイカレーやクレープ、オイスターバーなどＢ級グルメが数多く出店していて、何を食べるか迷っちゃう！　毎日やっているわけではないので、事前にインターネットでの下調べが必要です。

HP ▶ http://www.spitalfields.co.uk/

白ワイン片手に歩きたくなります

ここで食べたそば粉クレープは絶品でした！

フラワーマーケット[ニース／フランス]

ニースの旧市街、サレヤ広場で行われているフラワーマーケット。色とりどりの新鮮なお花が並んでいて、とにかく可愛い！　どこを見てもロマンティックです。もちろんお花だけでなく、石鹸やドライフルーツなどお土産に喜ばれそうなものも。旧市街の広場にあるので、お散歩がてら散策するのにピッタリです☆　通りの風景もフレンチシックそのままで、女同士でキャーキャー言いながら歩くのもいいなあ、なんて思いました。

壁の色ひとつとってもオシャレ

色とりどりの石鹸！　家に揃えたい

ビクトリアンマルクトの市場[ミュンヘン／ドイツ]

ミュンヘンのシンボルでもあるフラウエン教会を囲むこの広場は、地元の人の憩いの場。別名「ミュンヘンの台所」ともいわれるこの市場には、ソーセージやハムなど、美味しそうな食材がたくさん！　チーズのお店ではなんとワサビ味のチーズを発見しました。食べてみると、本当にピリッとワサビの風味が！　日本人にはない発想ですよね〜。

ソーセージの品揃えはすごい！

観光スポットの市場

**友達へのお土産は「まとめて安く」が鉄則！
市場なら、雑貨から現地の食材まで何でも揃いますね♡
観光客は値段をふっかけられることが多いので、交渉は必須。だけど、私はこれが大の苦手。強気に言えず、そこそこの値段で手を打ってしまいます。**

グランドバザール［イスタンブール／トルコ］

一歩足を踏み入れると、天井や壁のモザイクの美しさに感動！　中のお店にはカラフルで可愛い雑貨がいっぱい。巨大な迷路のようになっているので、方向音痴さんは、確実に迷います！　同じ場所に戻ってくるのは至難の業だから、欲しいと思ったものはその場で買ったほうがいいかも。

なんとも
エスニックな門構え

屋内なので雨が
降っても平気

ベンタイン市場［ホーチミン／ベトナム］

ベトナムを代表するこの市場には、お土産から日用品まであ りとあらゆるものが揃います。可愛いエスニックテイストのアクセサリーが数百円、カゴバッグも1000円以下で買えました。日本語の客引きが多いので、ぼったくられないように要注意！　私はここで、現地のオバちゃんに「日本語ヲ勉強シテルカラ案内シテアゲル」と言われついて行った結果、見事にチップを要求されました……。人々の活気と生命力に溢れる市場です。

おつりがない場合もあるので細かい
お金を準備！

現地のスーパーマーケット

海外のスーパーはとにかく楽しい！
珍しい食材や調味料を見ているだけでも
テンションが上がります。
バラまき土産はスーパーでゲットすると安上がり！（笑）

ホールフーズマーケット［ハワイ／アメリカ］

テキサス発の自然派スーパーマーケット。自然食品が豊富にそろっていて、すごい品数です！海外のスーパーってほんとスケールが大きいですよね。カイルアにあるこの店舗では可愛いショッピングバッグやオリジナルグッズも売っていて、お土産にすると喜ばれます。

ペイレスマーケット［グアム／アメリカ］

オーガニックやマクロビ系の食材も多く取り揃えているスーパーマーケット。ダイエットに使えそうな食材をたくさん仕入れてきました。お気に入りはレモン風味のソルト。珍しい調味料は女子ウケ抜群のお土産です♥　海外では珍しく24時間営業なのも嬉しい♪

2XXX / XX / XX

現地では毎食ローカルフード！

私が旅のときに決めている食事のルールは、「なるべく現地の料理を食べる」こと。せっかく本場に来ているのに、一食でも多くその土地のものを食べなきゃもったいない！　街を歩いていると珍しい食べ物を見つけたり、偶然いい感じのお店を発見したりするので、3食きちんと食べるというよりは「見つけたときが食事時！」と思って常に食いしん坊アンテナをビンビンにしています。

フランスやベルギーの街歩きで気になるのは、やっぱりパティスリーに並ぶキラキラのスイーツ♡　ちょっとカロリーが気になるけど、あの誘惑にはなかなか勝てません……。

アジアは物価が安いので、ついいろんなものを食べたくなっちゃう！　だけど、ローカル過ぎる食べ物はお腹が心配……。特に、生ものには注意が必要です。

忘れられないのは、ミャンマーの田舎で食べたモヒンガーという麺。路上で営業しているボロボロの屋台はただならぬ雰囲気で、値段は一杯20円という安さ。優しいおばちゃんの作ってくれたモヒンガーは最高に美味しかった～！　案の定そのあとはお腹をこわしました……（笑）。

ミャンマーの「おふくろの味」でしょうか？

東南アジアの市場を歩くと、
食べ物も「ありのまま」の姿でした……。

SHODENSHA AIRLINES

CHAPTER 6

世界の「ひとり時間」を楽しもう

現地での時間を自由に使えるひとり旅。
だけど、たまに時間を持て余してしまうことも。
ひとりで暇がつぶせない……
という寂しがり屋さんにもオススメの
過ごし方をご紹介します。

シンガポールで暇をしたら
セントーサ島へ行くべし！

ミュージカル＆ショーを楽しんでみる

何をしていいか困ったときに
助かるのが、その土地で楽しむことのできるエンターテイメント。
お客さんとして座っているだけで、
思いっきり楽しませてもらうことができます。
旅のいい思い出にもなるのでオススメ！

ロンドンで見たミュージカル「WE WILL ROCK YOU」

ミュージカルを見たのは、なんとこのときが人生初！　街を歩いていたとき、通りすがりに劇場を見つけ、思い付きで観劇することに決めました。しかし、英語のセリフが聞きとれないのと時差ボケによる眠気のため、開始15分で完全に寝落ち状態に……。その後、クライマックスの「♪ We will～We will～Rock you!!」で目を覚ましました。ほとんど内容はわからなかったけど、雰囲気だけでも味わえてよかったかな（笑）。

シンガポールのセントーサ島で魅惑のショー

セントーサは中心地から電車で気軽にアクセスできるエンターテイメントの島。島内にはカジノや遊園地があり、数々のショーも開催されています。私が見たのは砂浜で楽しめるミュージカル仕立てのショー。霧状の水にＣＧが投影されたり、とにかく派手でキレイです。ストーリーは単純だったけど（笑）、子供でも楽しめるわかりやすさがいいのかも。

美術館や博物館は
最高のおひとり様スポット！

行っておけば間違いないのが、
展示物を楽しめる博物館や美術館。
芸術や歴史に興味がなくても、館内を
歩いて雰囲気を味わうだけで素敵な思い出になります。

無料に驚いた！大英博物館

一番人気だったのはエジプトのミイラのコーナー。本物のミイラは少し怖かったけど、ネコやロバのミイラなんかもいて面白かったな〜。他にも世界各地の品がたくさんおさめられていて、一日で回りきるのは大変。入場料がいらないので滞在中何度も足を運びました。

ルーブル美術館

パリに来たからにはまずココを見なければ……！　ということで行ってきました、ルーブル美術館。正直、芸術はよくわからないし興味もなかったのですが、巨大な宗教画が並ぶコーナーではその美しさと迫力に圧倒されました。そして、人ごみをかき分けて対面したレオナルド・ダ・ヴィンチのモナリザ。感想は……「けっこう小さいな」でした。芸術って難しい……。

アテネの歴史博物館

思っていたよりも時間を持て余してしまったアテネでは、暇つぶしに国立歴史博物館へ行ってみることに。この博物館、発掘された遺跡の上に立っています。さすが、古代都市アテネ。何千年も前の人たちが使っていたものが、時をこえて自分の目の前にあるなんて……。歴史のロマンを感じます。

{ Trial lesson }

体験型レッスンに申し込んでみる！

アクティブなあなたにオススメなのが、アウトドア系の体験レッスン。最高の環境で楽しむレッスンは、旅のいい思い出に。先生や他の生徒たちと一緒に楽しめるので、ひとり旅でも全然寂しくありません！　特にリゾート地では、鉄板の過ごし方ですよ。

ハワイでサーフィンデビュー！

ネットで調べたマンツーマンレッスンに申し込み、ワイキキビーチで初サーフィン♡　ロングボードだったのですぐに立てました。マリさんという先生はとても明るくて、レッスンも上手。日本語の言葉のチョイスが独特で、波に乗りながら「イヒヒヒヒィ～」と笑う姿が超カワイかった！　私も「イヒヒィ～」と叫びながら波に乗ってきました。

グアムのビーチでヨガレッスン

目の前にビーチが広がる屋外スタジオで、解放的なヨガ体験！　日々のストレスも一気に解消できそう。旅行中はつい食べ過ぎてしまうので、体を動かすレッスンはオススメです。グアムではホテルやショッピングモールなどでヨガレッスンが開催されているので、調べてみてね。

韓国でチマチョゴリの記念写真を撮影

韓国の民族衣装を体験できる写真館。お店の方がヘアメイクをしてくれるので、本格的な写真が撮れます。初めて着たチマチョゴリにテンションもアップ。しかし……なぜかこのあと、そのお店の広告に左の写真が勝手に使われていました。肖像権はどこに……。

リラクゼーションを体験してみる

**旅の最後に組み込むといいのが、リラクゼーション。
疲れた体を癒して、飛行機に乗る前にリフレッシュすることができます。
最終日のスケジュール調整にもピッタリ。
物価の安い国では驚くような低価格で
エステが受けられるので、かなり得した気分です。**

イスタンブールでハマムに挑戦

トルコに来たからには、伝統のトルコ式お風呂「ハマム」を体験せねば！　どんなものなのか知らないまま、飛び込みでトライした私。全裸であったかい台の上に寝かされ、ビキニ姿のおばさんに泡で優しく洗われるという初めての感覚に、恥ずかしさとくすぐったさで死んじゃうかと思いました。言葉の通じないおばさんが、自分を指さして「ウズベッキスタァ～ン」とウズベキスタン人であることを自己紹介してくれたときは、なんだか気分がなごみました（笑）。

ホーチミンで極上エステ

雰囲気満点のアジアンな個室で240分、至れり尽くせりのフルコース。それでも料金は日本円で12000円ほど。オイルマッサージで癒された後は、プールサイドでお茶を飲みながらマッタリ……。日本ではなかなか味わえない贅沢っぷりでした。

困ったときの現地 1日ツアー

ひとり旅に行くとき、必ず調べるのが現地発のツアー。
実際に申し込まなくても、どんなツアーがあるのか調べることで
その土地の見どころや隠れた観光スポットを知ることができます。
もちろん、気に入ったツアーがあれば参加してもOK。ひとりで自由に
歩く旅もいいけど、たまには連れて行ってもらうのも快適で楽チン！

ＬＡ近郊のテメキュラワイナリーツアー

ロサンゼルスは電車の便が悪く歩いてお散歩できる環境ではなかったので、半日のワイナリーツアーに申し込んでみました。テメキュラというワイン産地でいくつかのワイナリーをまわり、試飲をしながら一面に広がるブドウ畑に癒されます。いろんな種類を飲み比べて、気に入ったワインはお買い上げ♥　最初から飛ばし過ぎると酔いつぶれてしまうので要注意！

アテネの市内観光ツアー

アテネの中心「シンタグマ広場」で偶然見つけた、市内観光バス。この類《たぐい》のツアーを見つけたら、飛び込みで乗ってみちゃうのがオススメ。30分ほどで市内の主要スポットをまわってくれるので、乗っているだけでぐるっと街を回れて便利でした。アテネは街のいたるところに遺跡があって、見どころ満載！　アテネ五輪のオリンピックスタジアムの前も通ります！

スイスの世界遺産で「ラヴォーエクスプレス」

湖に面した斜面に広がるブドウ畑が美しい「ラヴォー地区」は、世界遺産にも登録されている景勝地。ここで最高だったのが、汽車の形をしたバスにゆられて景色を楽しみ、絶景スポットでワインの試飲ができる「ラヴォーエクスプレス」というツアー。自然の中で飲むワインの味は格別でした！

現地のお祭りを楽しんでみる

**旅行のときは、念のため現地の行事スケジュールを調べることにしています。その時期にお祭りやイベントが開催されていれば超ラッキー！
旅の素晴らしい思い出になるに違いありません。
もちろんお祭りを目的に旅の計画を立てるのもオススメ！**

これがミュンヘンオクトーバーフェスト♡

数千人収容の巨大テントが会場に14も！

世界最大のビールの祭典、ミュンヘンのオクトーバーフェストにどうしても行ってみたくて、弾丸で参加してきちゃいました！

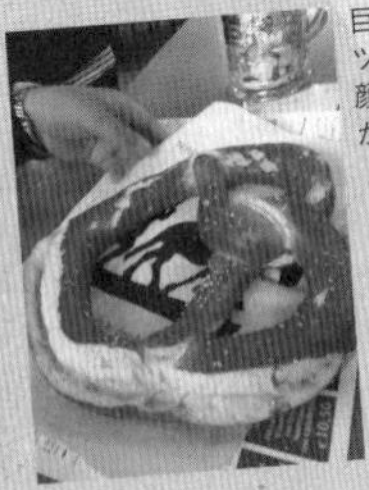

巨大プレッツェルは私の顔より大きかったです

隣に座っていたドイツ人のおじさんに歌詞を教わって「乾杯の歌」を合唱

夜の会場はライトアップされて最高にキレイ

中では世界中のビール党が大盛り上がり。みんな酔っぱらい！

１リットルのジョッキ！でかくて重い！

会場のアトラクションは富士急ハイランドがいくつ入るの!?　っていうくらいの数

世界最大のビール祭りは規模も集まる人数も桁《けた》外れ。楽しすぎてテンションはＭＡＸに！
お酒の力も手伝って、椅子の上に立ち上がり、大勢の外国人に「乾杯の歌」を要求して周囲を大合唱に導くという大胆な行動に出た私……。一生思い出に残るであろう、ステキな経験でした。スケジュールは１泊３日と超弾丸だったけど、無理してでも行って良かった〜。

CHILL OUT

ひとりの特権♪
旅のまったり時間の過ごし方

ひとり旅って楽しいよ！
とオススメしている私ですが、
ホテルの部屋にひとりポツンといるとき、
変な時間に目が覚めてしまったとき……。
やっぱり少しだけホームシックになってしまうことも。
私なりに編み出した、
寂しくならない過ごし方６選、ご紹介します！

旅をする時はtwitterで実況報告

① SNSをフル活用

Twitter、Facebook、Instagram……いちばん手っ取り早いのがコレです。旅で出会った景色や美味しそうな食べ物はSNSの格好のネタ。コメントや「いいね！」をもらえることで、みんなで旅を楽しんでいるような気持ちになれます。

さらに、トラブルが起きたときにSNSで報告すると、仲間が知恵を絞って助けてくれることも。ＬＡで突然クレジットカードが使えなくなり、手持ちの現金もなく困っていたときは、Twitterのフォロワーさんたちが「大使館に行けばいいのでは？」「まずはホテルに戻るのが先決」と具体的なアドバイスを送ってくれてパニックにならずに済みました。

2 友達に無料通話してみる

Skype や LINE の無料通話で友達に頼ってみるのも全然アリ。正直に「ホームシックになっちゃった！」と打ち明けることで、一気に心が軽くなるから不思議です。心の中で「寂しい」と思っているだけではどんどん寂しさが増大するので、開き直って「1人は寂しいよ〜」と愚痴っちゃいましょう。以前、旅の途中にTwitterで「もう帰りたい」とつぶやいたことも（笑）。一度口にするとそのあとはなぜか元気が出て、また旅を楽しもうという意欲がわいてきます。

3 本を読む

旅先では何か特別なことをしなきゃと思ってしまうけど、その非日常感に寂しさが増してしまうことも。そんなときは、あえて読書をしてみましょう。「ここでこの本を読むことに意味があるのだ！」と思えば、スッと心が軽くなりますよ。旅する国にちなんだ本ならさらに気分が上がる！　パリを旅したときは『10人のパリジェンヌ』（山本ゆりこ、アトランさやか著／毎日新聞社）という、パリの女性の生き方を描いた本を読んでいました。

④ 思い出に残りそうな音楽を聴く

旅に出る前に「今回の旅ではこの曲をヘビロテする！」と決めて、ダウンロードしていくことにしています。トルコで聴いていたのはサラ・ブライトマンの「Harem」。中東っぽい曲調に旅気分が盛り上がりました。フランスのモン・サン・ミッシェルでは、「天空の城ラピュタ」の主題歌を……。旅のテーマソングを作っておくと、帰ってからもその曲を聴いて旅を思い出せるのでオススメです。

⑤ 旅仲間を作ってみる

旅に関する掲示板の中には、旅仲間を募集できるものも。ミュンヘンのビール祭り、オクトーバーフェストに行った際は「この日にオクトーバーフェストに行く方、ご一緒しませんか？」という書き込みを見つけ、それに返信。現地でひとり旅同士、４人で集まってみんなで楽しく参加してきました。「ひとり旅が好き」という共通の趣味があれば仲良くなるのに時間はいりません！

私がよく利用しているのは「地球の歩き方」のＨＰ内にある旅仲間募集掲示板（http://bbs.arukikata.co.jp/index.php/kind/3/）。同じ旅先で日程がかぶっている人がいれば、気軽に「現地ご飯しませんか？」と誘っています。

⑥ ホームシックな気持ちを楽しんでみる

イスタンブールの港でモスクを眺めながらひとりポツンと佇《たたず》んでいたとき、異常な寂しさが押し寄せてきたことがありました。エキゾチックな香り漂《ただよ》う風景の中で、アジア人は私以外に見当たらず、全くわからない言葉が耳を通り過ぎていく……まるでこの世界にたったひとり取り残されてしまったかのような不安感。でも、だんだんと「日本では感じることのないこの感情って、実はとても貴重なものなんじゃないか？」と気づき、逆にその気持ちを噛みしめて味わってみることに。ホームシックも旅ならではの「レアモノ」だと思えば、いい思い出に変えられます。

寂しさを感じたときは
自分と向き合うチャンスかも!?

UP GRADE

もっとひとりが楽しくなる
アドバンスト・ステップ

すべてがハラハラドキドキだった最初のひとり旅。
だけど、慣れてくると「もっと自由に旅をしてやろう」と
ちょっとした工夫をするようになりました。
旅の楽しみをアップグレードさせるための
プチテクニックご紹介します。

Step1 現地の言葉を覚えてみる

レストランなどのお店に入るとき、挨拶《あいさつ》だけでも現地の言葉でしておくと優しくしてもらえる確率が上がります。これ、絶対！　さらには注文も頑張って現地の言葉でしてみると、意外に少ない単語でいけちゃいますよ。スペインのバルに入ったときは「赤ワイン」「白ワイン」「これ」「ください」「お会計お願いします」など、お酒を飲むときに必要なスペイン語を10個ほど暗記。すると最初から最後まで、なんとスペイン語だけで通せたんです！　ただ、店員さんにスペイン語で聞き返されたときには当然意味がわかりませんでした…。

中東や東南アジアでは言語が難しすぎて挨拶を覚えるのが精一杯だったなあ〜。

Step2 ホテルは1泊目だけ予約

実際に現地を歩いてみると「ホテルはこっちのエリアの

ほうが便利だったなあ」と後悔することが意外に多いんです。旅に慣れてきたら宿は到着日だけ予約しておいて、街を歩いてみてから２日目以降の宿を決める。こうすると、旅の自由度がぐっと高くなります！　ハイシーズンでなければ、満室で宿が取れないなんてことはまずありません。念のため予約サイトで十分な空室があるか確認しておけば安心。

カンボジアでは、初日に泊まった安ホテルのシャワーがぬるかったので、２泊目はちょっといいホテルに変更。無事に温かいシャワーを浴びることができました。

Step3 現地発・飛行機でちょこっと遠出

旅の途中、時間があれば現地発の航空券を手配してちょっと遠くへ足をのばすのも楽しいですよ！

ギリシャの旅では当初アテネに４泊する予定だったのですが、１日目ですでにアテネに飽き、現地から行ける旅先をネット検索。「Olympic Air」という小さな航空会社のＨＰからチケットを予約して、急遽地中海のサントリーニ島へ行ってきました。

２度目のパリ旅行では勢いで南仏のニースへ飛び、お隣のモナコまで。

こんな突然の予定変更も、ホテルを１日目しかおさえていなかったからこそできるワザですね。

Step4 ガイドはスマホ

世界遺産や美術館などは、歴史やうんちくを知ってから見たほうが絶対に楽しめます。メジャーな観光地では日本語の音声ガイドを借りられたりもしますが、そうでない場合はそのスポットについて書かれているサイトやブログなどを参考にして巡るべし。

イスタンブールのドルマバフチェ宮殿では、ガイドさんの英語が全く理解できず、スマホの情報を頼りに回りました。解説が必要な場所では、スマホが名ガイドとして活躍してくれます。

Step5 旅人のブログを参考に

はじめての場所を旅するにあたって何よりも頼りになるのは、旅人のブログ。ガイドブックには決して載っていない生の情報が得られるので「地名＋ひとり旅」などで検索をかけて、なるべくたくさんの方のブログを参考にすることにしています。

スペインのサンセバスチャンでは、出発前にブログで「空港からのバス乗り場がわかりにくくて旅行者に不親切。張り紙一枚だけなので見落とし注意です！」と書いてあるのを読んだので、現地では焦らずに済みました。実際ほんとに地味で見落としそうだったので、読んでおいて良かった〜。

イスタンブールでは「歴史地区に出没する○○という名前のナンパ師に注意！　こいつは詐欺師です」というブログ情報が役立ちました。街を歩いていた時、親しげに声をかけてきたひとりの男。名乗ったのは、まさにそのブログで目にした名前でした。「I know you!　Very famous!」（あなた知ってる！　有名だよね！）とからかうと、その男はバツが悪そうに離れて行きました。ネットで名前が晒《さら》されているの、気付いてたんだね（笑）。

ひとりタイタニック！（古い）

2 849 628
9 383 868
HONDA

おわりに

ご紹介した私の大切な旅の思い出。これはほんの一部ですが、いかがでしたか？

美味しい食べ物や美しい景色……いろんな感動がありましたが、今までの旅を思い出して一番心に残っているのは、旅をしている時のドキドキした気持ちです。

初めて歩く街、初めて乗る電車、初めて知る文化……。人は初めての体験をするたびに、不安になったり、ビックリしたり、感動したりするものだと思います。子供の頃は毎日そんな日々を送っていたはずなのに、大人になって生活が安定してくるにつれて、しだいに「初めて」が少なくなってしまう。でも本当は、身の回りに知らない世界がたくさんあるはずなんです。いつのまにか、見えなくなってしまっているだけ。

私は旅を通して、初めての経験をする楽しさに気付きました。初めてひとりでパリのホテルにチェックインしたとき、トルコで電車の切符が買えたとき、アジアの市場で戦後の日本のような光景を見たとき。そのときの新鮮な驚きは、今でも忘れられません。

日本にいても、自分の知らない世界はたくさんあります。でも、思い切って海外に飛び出してみたことで「初めて」の楽しさに気付くことができました。

この本が、あなたの「初めて」のキッカケになってくれたら嬉しいです。

2015年6月吉日　真鍋かをり

あなたの「ひとり旅」を考えてみよう

・行きたい国をあげてみよう

・休める日数から行ける国をあげてみよう

・その国で何を見たいか、何がしたいのか、
目標を決めよう

・その国の文化、風習、気候などを調べてみよう

ひとり旅 荷造りCheck

- □ パスポート
- □ 現金(外貨、日本円)
- □ 航空券
- □ ホテルのバウチャー(予約を証明するもの)
- □ 海外旅行傷害保険証
- □ クレジットカード
- □ 衣類(下着、服上下、靴下)
- □ 大判ストール
- □ タオル
- □ 歯ブラシ、歯磨き粉
- □ 化粧用具
- □ 薬
- □ ドライヤー
- □ 充電器
- □ 変換プラグ
- □ モバイルバッテリー
- □ ジップ付き保存袋
- □ 折り畳みボストンバッグ
- □ 小分け用のトラベルバッグ
- □ メモ帳、ペン
- □ スマートフォン

Extra

旅の思い出を記録してみよう

切りとり線

★読者のみなさまにお願い

この本をお読みになって、どんな感想をお持ちでしょうか。祥伝社のホームページから書評をお送りいただけたら、ありがたく存じます。今後の企画の参考にさせていただきます。また、次ページの原稿用紙を切り取り、左記まで郵送していただいても結構です。

お寄せいただいた書評は、ご了解のうえ新聞・雑誌などを通じて紹介させていただくこともあります。採用の場合は、特製図書カードを差しあげます。

なお、ご記入いただいたお名前、ご住所、ご連絡先等は、書評紹介の事前了解、謝礼のお届け以外の目的で利用することはありません。また、それらの情報を6カ月を越えて保管することもありません。

〒１０１－８７０１（お手紙は郵便番号だけで届きます）
祥伝社書籍編集部
電話０３（３２６５）１０８４
祥伝社ホームページ　http://www.shodensha.co.jp/bookreview/

★本書の購買動機（新聞名か雑誌名、あるいは○をつけてください）

＿＿＿＿新聞の広告を見て	＿＿＿＿誌の広告を見て	＿＿＿＿新聞の書評を見て	＿＿＿＿誌の書評を見て	書店で見かけて	知人のすすめで

★100字書評……眞鍋かをりの世界ひとり旅手帖

名前

住所

年齢

職業

眞鍋かをり

1980年5月31日生まれ。愛媛県出身。横浜国立大学在学中から、タレント活動をはじめる。バラエティに加え、ニュース番組のコメンテーターやMC、執筆などマルチに活躍。等身大の女性の毎日を飾らない文体で綴ったブログが話題となり、「元祖・ブログの女王」と呼ばれる。2010年C.P.A.チーズプロフェッショナルの資格を取得。Twitterでは約67万のフォロワー数を誇る。
眞鍋かをりオフィシャルブログ
http://blog.livedoor.jp/kaworimanabe/

眞《ま》鍋《なべ》かをりの
世界ひとり旅手帖

2015年6月15日　初版第1刷発行

発行者……………竹内和芳
発行所……………祥伝社《しょうでんしゃ》
〒101-8701　東京都千代田区神田神保町3-3
電話　03(3265)2081(販売部)
電話　03(3265)1084(編集部)
電話　03(3265)3622(業務部)
ホームページ　http://www.shodensha.co.jp/

装丁者……………TYPE FACE
印刷所……………萩原印刷
製本所……………ナショナル製本

Printed in Japan　ISBN-978-4-396-61528-4　C0095